易筋经

安慧妍◎编著

YNK 云南科技出版社
·昆明·

图书在版编目（CIP）数据

易筋经 / 安慧妍编著. -- 昆明 : 云南科技出版社,
2025. 4. -- ISBN 978-7-5587-6319-9

Ⅰ. G852.6

中国国家版本馆CIP数据核字第202528S6T9号

易筋经

YI JIN JING

安慧妍　编著

责任编辑：黄文元
特约编辑：郁海彤　余襄子
封面设计：李东杰
责任校对：孙玮贤
责任印制：蒋丽芬

书　　号：ISBN 978-7-5587-6319-9
印　　刷：三河市燕春印务有限公司
开　　本：710mm×1000mm　1/16
印　　张：9
字　　数：100千字
版　　次：2025年4月第1版
印　　次：2025年4月第1次印刷
定　　价：59.00元

出版发行：云南科技出版社
地　　址：昆明市环城西路609号
电　　话：0871-64192481

前　言

在浩瀚的中华文明的长河中，传统健身气功以其独特的魅力和深邃的内涵，历经千年而流传至今。其中，《易筋经》作为中国武术与养生文化中的瑰宝，不仅蕴含着丰富的哲学思想，而且包含一套系统的身体锻炼方法。

《易筋经》的起源可追溯至南北朝时期，由印度高僧菩提达摩所创。相传达摩在少林寺面壁九年，悟出了这套内外兼修的健身法门，旨在通过调整呼吸、动作和意念，达到强身健体、延年益寿的效果。随着时间的推移，《易筋经》逐渐融入中国传统文化，成为武术、医学和哲学的交汇点，不仅在武术界有着举足轻重的地位，更在养生保健领域发挥着重要作用。

《易筋经》的核心理念在于"易筋洗髓"，即通过特定的锻炼方法，改变和强化人体的筋骨结构，使之更加柔韧有力，从而达到内外兼修的目的。这一理念深刻影响了后世内家拳的发展，如太极拳、形意拳、八卦掌等，其理论体系对此均有所体现。易筋经的实践，不仅要求动作精准和协调，更强调呼吸与意念的配合，体现了中国传统哲学中的"天人合一"思想。

在现代医学和科学日益发达的今天，《易筋经》的健身理念和方法仍然具有重要的现实意义。随着生活节奏的加快，人们面临着越来越多的压力和健康问题。易筋经作为一种温和而有效的锻炼方式，能够帮助人们缓解压力、增强体质、预防疾病，提高生活质量。其动作简单易学，适合各个年龄段的人群练习，尤其对改善现代人常见的颈椎病、腰椎病等职业病具有显著效果。

本书共分为三篇，上篇为《易筋经》原文及其译文，为了让读者能够领略原文意思，在翻译的过程中，作者采取观其大意的方式，力求让读者更好地理解；中篇具体讲述易筋经在现代社会的意义及其理论与实操指导；下篇则对《易筋经》的十二式进行详细解读，每一式都配有详细的动作要领和呼吸指导，使读者能够准确掌握每一式的动作技巧。通过对《易筋经》的深入研究和实践，读者不仅能够体会到传统健身气功的独特魅力，更能在日常生活中运用这些方法，达到养生保健的目的。

在编写本书的过程中，作者力求内容详实、科学严谨，既注重传统理论的传承，又结合现代科学的最新成果。希望通过本书，使《易筋经》这一传统文化遗产得以传承和发扬，让更多的人了解和受益于这一古老的智慧。同时，也期待读者能够在实践中不断探索和创新，使《易筋经》的理论和方法更加丰富和完善，为人类健康事业作出新的贡献。

在进入《易筋经》的学习和实践之前，建议读者首先调整心态，以一种平和、开放的心态去体验和感悟。练习易筋经不仅可锻炼身体，还可修养精神和净化心灵。让我们在《易筋经》的引领下，开启一段身心合一的健康之旅。

目 录

中篇

下篇

附录

上

篇

总　论

原文　登证果者，其初基有二，一曰：清虚。二曰：脱换。能清虚则无障，能脱换则无碍。无障无碍，始可入定出定矣。知乎此，则进道有其基矣。

所云清虚者，洗髓是也；脱换者，易筋是也。

其洗髓之说，谓人之生，感于情欲，一落有形之身，而脏腑肢骸，悉为滓秽所染，必洗涤净尽，无一毫之瑕障，方可步超凡入圣之门，不由此，则进道无基。

译文　要达到证悟的境界，有两个基本的步骤。第一个步骤是清虚，第二个步骤是脱换。能够做到清虚，就没有障碍；能够做到脱换，就没有阻碍。只有没有障碍和阻碍，才能进入冥想状态和从冥想状态中出来。理解了这一点，修行就有了基础。

所谓的清虚，就是指洗髓；所谓的脱换，就是指易筋。

洗髓是指，人从出生开始，就受到情感和欲望的影响，一旦有了实体的身体，内脏和四肢就会被杂质污染，必须彻底清洗，没有任何瑕疵和障碍，才能开始走上超凡脱俗、成圣的道路。如果不这样做，修行就没有基础。

原文 所言洗髓者，欲清其内。易筋者，欲坚其外。如果能内清净，外坚固，登圣域，在反掌之间耳，何患无成？且云易筋者，谓人身之筋骨，由胎禀而受之，有筋弛者、筋挛者、筋靡者、筋弱者、筋缩者、筋壮者、筋舒者、筋劲者、筋和者，种种不一，悉由胎禀。如筋弛则病，筋挛则瘦，筋靡则痿，筋弱则懈，筋缩则亡，筋壮则强，筋舒则长，筋劲则刚，筋和则康。

译文 所说的洗髓，是指要清洁人的内在。而易筋，是指要使外在的筋骨变得坚固。如果内在能够达到清净，外在能够变得坚固，那么进入圣洁的境界就像翻手掌一样简单，还担心有什么事是做不到的吗？所谓的易筋，是指人身上的筋骨是从出生时就继承下来的，有的筋是松弛的、有的筋是紧缩的、有的筋是无力的、有的筋是弱小的、有的筋是收缩的、有的筋是强壮的、有的筋是舒展的、有的筋是有力的、有的筋是和谐的，各种各样的情况，都是出生时所决定的。比如筋松弛就会导致疾病，筋紧缩会导致身体消瘦，筋无力会导致肌肉萎缩，筋弱小会导致精神懈怠，筋收缩会导致死亡，筋强壮则身体强健，筋舒展则身体修长，筋有力则身体刚强，筋和谐则身体健康。

原文 若其人内无清虚而有障，外无坚固而有碍，岂许入道哉？故入道莫先于易筋以坚其体，壮内以助其外。否则道亦难期。

其所言易筋者，易之为言大矣哉！易者，乃阴阳之道也，易即变化之易也。易之变化，虽存乎阴阳，而阴阳之变化，实有存乎人。弄壶中之日月，搏掌上之阴阳，故二竖系之在人，无不可易。所以为虚为实者，易之；为寒为暑者，易之；为刚为柔者，易之；

为静为动者，易之；高下者，易其升降；先后者，易其缓急；顺逆者，易其往来；危者，易之安；乱者，易之治；祸者，易之福；亡者，易之存；气数者，可以易之挽回；天地者，可以易之反复：何莫非易之功也！

> **译文** 如果一个人内心不清净，有障碍，外在不坚固，有阻碍，这样的人怎么可能修行成功呢？因此，修行的第一步应该是通过易筋来强化身体，增强内在的力量来辅助外在的表现。否则，是很难修行成功的。
>
> 所说的易筋，这个"易"字意义重大！"易"代表的是阴阳的法则，是变化的意思。虽然变化存在于阴阳之中，但阴阳的变化实际上取决于人。在小小的壶中可以操纵日月，在手掌上可以掌控阴阳，因此一切都掌握在人的手中，对于人来说，没有什么是不能改变的。无论是虚还是实，都可以改变；无论是冷还是热，都可以改变；无论是硬还是软，都可以改变；无论是静止还是运动，都可以改变；无论是高还是低，都可以改变其升降；无论是先还是后，都可以改变其缓急；无论是顺还是逆，都可以改变其来去；危险，可以改变成安全；混乱，可以改变成有序；灾难，可以改变成幸福；灭亡，可以改变成生存；气数，可以改变以挽回；天地的运行，也可以改变以反复。没有什么不是通过"易"的力量所能达成的！

原文 至若人身之筋骨，岂不可以易之哉？然筋，人身之经络也，骨节之外，肌肉之内，四肢百骸，无处非筋，无经非络，联络周身，通行血脉，而为精神之外辅。如人肩之能负，手之能摄，足之能履，通身之活泼灵动者，皆筋之挺然者也，岂可容其弛、挛、靡、弱哉？而病、瘦、痿、懈者，又宁许其入道乎？

译文 至于人的身体中的筋骨，难道不可以改变它们吗？筋是人体中的经络系统，位于骨头和肌肉之间，遍布四肢和全身各个部位，没有一处没有筋，没有一条经络不是相互联系的，它们贯穿全身，促进血液循环，是精神活动的外在支持。就像人能够用肩膀承担重量，用手拿取物品，用脚行走，整个身体灵活和有力，都是因为有筋支撑。我们怎么能容忍筋变得松弛、紧缩、无力和衰弱呢？而那些生病、消瘦、肌肉萎缩、精神懈怠的人，又怎么可能进入修行的道路呢？

原文 以挽回斡旋之法，俾筋挛者，易之以舒；筋弱者，易之以强；筋弛者，易之以和；筋缩者，易之以长；筋靡者，易之以壮。即绵涯之身，可以立成铁石，何莫非易之功也！

译文 通过一些特殊的方法和技巧，帮助那些筋肉紧缩的人变得舒展，筋肉弱小的人变得强健，筋肉松弛的人变得和谐，筋肉收缩的人变得伸长，筋肉无力的人变得强壮。即使是非常柔弱的身体，也可以变得像铁石一样坚硬，这些都是通过改变和调整所达到的效果。

原文 身之利也，圣之基也，此其一端耳，故阴阳为人握也。而阴阳不得自为阴阳，人各成其人也。而人勿为阴阳所罗，以血气之躯，而易为金石之体，内无障、外无碍，始可入得定去，出得（穴）〔定〕来。然此着功夫，亦非细故也。而功有渐次，法有内外，气有运用，行有起止。至药物器制，火候岁年，饮食起居，始终各有征验。其入斯门者，务宜先办香信，次立虔心，奋勇坚往精进，如法行搏而不懈，无不立跻于圣域者云。

译文 身体健康、灵活是达到圣洁境界的基础，这只是其中一个方面。因此，阴阳（指自然界和人体内的平衡力量）是掌握在人手中的。阴阳不能自行运作，每个人都能成为自己命运的主宰。人不应该被阴阳所束缚，而应该通过改变，将血肉之躯转变为坚如金石的身体，内心没有障碍，外在没有阻碍，这样才能进入冥想状态，也能从冥想状态中顺利出来。然而，这个过程并不是一件小事。修炼有其步骤，方法有内外之分，气息有其运用方式，行动有其开始和结束。至于药物、器具、程度、年份，以及饮食起居，从开始到结束都有其验证和标志。那些想要进入这个领域的人，必须首先准备好信仰和诚意，然后以坚定的决心和勇气，持续不断地精进，按照正确的方法去实践，不松懈，那么他们就能达到圣洁的境界。

原文 此篇就达摩大师本意，言易筋之大概，译而成文，毫不敢加以臆见，或创造一语。后篇行功法，则具详原经译义。倘遇西竺高明圣僧，再请琢磨可也。

译文 这篇文章是根据达摩大师的原始意图，讲述了易筋经的大致内容，将其翻译成文字，不敢掺杂任何个人的主观意见，也没有创造或添加任何一句话。后面的篇章中关于实际修炼的方法，则会更加详细地根据原经的翻译来解释。如果将来遇到来自西方的高明圣僧，可以请他们再次进行审阅和完善。

膜 论

原文 夫一人之身，内而五脏六腑，外而四肢百骸，内而精气与神，外而筋骨与肉，共成其一身也。如脏腑之外，筋骨主之；筋骨之外，肌肉主之；肌肉之内，血脉主之。周身上下，动摇活泼者，此又主之于气也。是故修炼之功，全在培养气血者，为大要也。

> **译文** 一个人的身体，从内部来看有五脏六腑，从外部来看有四肢和骨骼，内在有精气和神，外在有筋骨和肌肉，这些共同构成了一个人的身体。比如在脏腑的外部，是由筋骨来支撑的；在筋骨的外部，是由肌肉来覆盖的；在肌肉的内部，是由血脉来流通的。整个身体上下的活动和活力，都是由气来主导的。因此，修炼的重点完全在于培养和调养气血，这是最重要的事情。

原文 即如天之生物，亦〔莫〕不随阴阳之所至，而百物生焉，况于人生乎？又况于修炼乎？且夫精、气、神虽无形之物也，筋、骨、肉乃有形之身也。此法必先炼有形者，为无形之佐，培无形者，为有形之辅，是一而二、二而一者也。若专培无形而弃有形，则不可。专炼有形而弃无形，则更不可。所以有形之身，必得无形之气，相倚而不相违，乃成不坏之体。设相违而不相倚，则有形者亦化而无形矣。

译文 就像自然界中万物的生长，都是随着阴阳的变化而生长，更何况是人类的生命呢？尤其是修炼的过程。精、气、神是无形的存在，而筋、骨、肉是有形的身体。修炼的方法必须先从有形的身体开始，作为无形精神的辅助；同时培养无形的精神，作为有形身体的补充，这两者是相辅相成的。如果只培养无形的精神而忽视有形的身体，那是不行的。同样，如果只锻炼有形的身体而忽略无形的精神，那更是不对的。因此，有形的身体必须依赖无形的气，两者相互依存而不是相互排斥，才能形成一个健康完整的身体。如果两者相互排斥而不是相互依存，那么有形的身体也会逐渐消失，变得无形。

原文 是故炼筋，必须炼膜，炼膜必须炼气。然而炼筋易，而炼膜难；炼膜难，而炼气更难也。先从极难、极乱处立定脚跟，后向不动不摇处认斯真法。务培其元气，守其中气，保其正气，护其肾气，养其肝气，调其肺气，理其脾气，升其清气，降其浊气，闭其邪恶不正之气，勿伤于气，勿逆于气，勿忧思悲怒，以预其气，使气清而平，平而和，和而畅达，能行于筋，串于膜，以至通身灵动，无处不行，无处不到。气至则膜起，气行则膜张，能起能张，则膜与筋齐坚齐固矣。

译文 因此，要锻炼筋骨，必须先锻炼筋膜，而锻炼筋膜又必须先锻炼气息。然而，锻炼筋骨相对容易，锻炼筋膜就比较难了，而锻炼气息则是最难的。应该先从最困难、最混乱的地方稳定下来，然后再在不动不摇、平静稳定的状态中认识到真正的修炼方法。一定要培养和增强元气，保持中气，保护正气，维护肾气，滋养肝气，调节肺气，梳理脾气，提升清气，降低浊气，封闭邪恶不正之气，不要伤害气息，不要违背气息，不要因为忧虑、思考、悲伤和愤怒而预先消耗气息，使气息保持清晰、平和、和谐，并且流畅，能够在筋骨间流动，穿过筋膜，以至于全身灵活，无处不至。当气息到达时，筋膜就会隆起；当气息流动时，筋膜就会扩张。如果筋膜能够隆起和扩张，那么筋膜和筋骨就会变得坚固了。

原文 如炼筋不炼膜，而膜无所主；炼膜不炼筋，而膜无所依；炼筋、炼膜而不炼气，而筋膜泥而不起；炼气而不炼筋膜，而气痿，而不能宣达、流串于经络，气不能流串，则筋不能坚固。此所谓参互共用，错综其道也。

译文 如果只锻炼筋骨而不锻炼筋膜，那么筋膜就缺乏主导；如果只锻炼筋膜而不锻炼筋骨，那么筋膜就缺乏依附；如果锻炼了筋骨和筋膜，却不锻炼气息，那么筋骨和筋膜就会变得僵硬而无法活动；如果只锻炼气息而不锻炼筋骨和筋膜，那么气息就会变得虚弱，无法在经络中流通和分布，气息如果不能流通，那么筋骨也就无法变得坚固。这就是所谓的相互配合使用，错综复杂地交织在一起的道理。

原文 俟炼至筋起之后，必宜倍加功力，务使周身之膜，皆能腾起，与筋齐坚，始为了当。否则筋坚无助，譬如植物，无土培养，岂曰全功也哉？

译文 等到筋骨锻炼到一定阶段，筋骨开始变得强健之后，必须加大锻炼的力度，确保全身的筋膜都能够随之隆起，和筋骨一样坚韧，这样才算是达到了目标。否则，即使筋骨变得坚强，但没有筋膜的辅助，就像植物没有土壤的滋养一样，又岂能算是完整的修炼成果呢？

原文 此篇言易筋以炼膜为先，炼膜以炼气为主，然此膜人多不识，不可为脂膜之膜，乃筋膜之膜也。脂膜，腔中物也；筋膜，骨外物也。筋则联络肢骸，膜则包贴骸骨。筋与膜较，膜软于筋；肉与膜较，膜劲于肉。膜居肉之内，骨之外，包骨衬肉之物也。其状若此。行此功者，必使气串于膜间，护其骨，壮其筋，合为一体，乃曰全功。

译文 这篇文章主要阐述了达摩大师关于易筋经的核心思想，即易筋应该以炼膜为先，炼膜又以炼气为主。但这个"膜"很多人并不了解，它不是指脂肪膜，而是指筋膜。脂肪膜是体内腔中的物，而筋膜则是附着在骨头外面的。筋负责连接四肢和骸骨，膜则包贴在骸骨上。相比筋，膜更柔软；相比肉，膜更有韧性。膜位于肉之内、骨之外，起到包骨衬肉的作用。骨、肉与膜就形成了这样的状态。修炼这一功法的人，必须让气在膜之间流动，保护骨骼，强化筋力，使筋、膜、骨、肉、气合为一体，这才算是完整的修炼成果。

内壮论

原文 内与外对，壮与衰对。壮与衰较，壮可久也。内与外较，外勿略也。内壮言坚，外壮言勇，坚而能勇，是真勇也；勇而能坚，是真坚也。坚坚勇勇，勇勇坚坚，乃万劫不化之身，方是金刚之体矣。

译文 内部与外部是相对的，强壮与衰弱也是相对的。将强壮与衰弱相比较，显然强壮的状态能够持续更久。将内部与外部相比较，外部同样不可忽视。内部的强壮指的是坚固，外部的强壮指的是勇敢。坚固的同时又能勇敢，这才是真正的勇敢；勇敢的同时又能坚固，这才是真正的坚固。坚固与勇敢相互结合，勇敢与坚固相互促进，这样的身体才能历经万劫而不改变，才能被称为金刚不坏之身。

原文 凡炼内壮，其则有三：

一曰：守此中道[1]。守中[2]者，专于积气也。积气者，专于眼、耳、鼻、舌、身、意也。其下手之要，妙于用揉，其法详后。

译文 凡是修炼内在的强壮，其原则有三个：

11

第一点是：坚守中庸之道。所谓守中，就是专注于积累气。积累气，就是专注于眼、耳、鼻、舌、身、意这六个感官。修炼的关键在于巧妙地运用揉法，具体的方法会在后文中详细说明。

原文 凡揉之时，宜解襟仰卧，手掌着处，其一掌下，胸腹之间，即名曰"中"，惟此"中"乃存气之地，应须守之。

译文 在进行揉法练习的时候，应该解开衣物，平躺下来，手掌放置的位置，就在胸腹部之间，这个位置被称为"中"。这个"中"是储存气的地方，需要我们去守护它。

原文 守之之法，在乎含其眼光，凝其耳韵，均其鼻息，缄其口气，逸其身劳，锁其意驰，四肢不动，一念冥心，先存想[3]其中道，后绝其诸妄念，渐至如一不动[4]，是名曰"守"，斯为合式。

译文 守护中道的方法，关键在于收敛目光、凝聚听力、均匀呼吸、闭口不言、放松身体、控制思绪，保持四肢不动，心无旁骛。首先集中注意力于中道，然后摒弃所有杂念，逐渐达到心境如一、纹丝不动的状态，这就是所谓的"守"，符合修炼的要求。也就是说，在修炼时，全身的精气神都集中在这个"中"上。长时间积累，自然能够形成一片完整的气场。如果杂念纷飞，心思散乱，那么精气神就不能凝聚，修炼也就失去了意义。

原文 盖揉在于是，则一身之精气神，俱注于是，久久积之，自成其庚方一片矣。设如杂念纷纷，驰想世务，神气随之而不凝，则虚其揉矣，何益之有？

> **译文** 如果揉法练习时能够专注于"中"这个部位，那么全身的精气神都会集中在这里。只要持之以恒地积累，自然会形成一个完整的气场。但如果杂念纷飞，心思散乱，关注世俗事务，那么精气神就会随之分散，无法凝聚，这样的揉法练习就等于白费了，能有什么益处呢？

> **原文** 二曰：勿他想。人身之中，精神气血，不能自主，悉听于意，意行则行，意止则止。"守中"之时，意随掌下，是为合式。

> **译文** 第二点是：不要有其他的杂念。在人的身体里，精神、气息和血液不能由其自己控制，它们都受意念的指挥，意念动它们就动，意念停它们就停。在"守中"的时候，意念要随着手掌的放置而集中，这样才是正确的做法。

> **原文** 若或驰意于各肢，其所凝积，精气与神，随即走散于各肢，即成外壮，而非内壮矣。揉而不积，又虚其揉矣。有何益哉？

> **译文** 如果在修炼时让意念分散到四肢，那么原本凝聚在"中"部位的精气和神就会随之散布到四肢，这样形成的只是外在的强壮，而不是内在的强壮。如果练习揉法没有积累精气神，而是让它们散失，那么这样的揉法练习也是徒劳无功的，能有什么益处呢？

原文 三曰：持其充周。凡"揉"与"守"，所以积气。气既积矣，精神血脉，悉皆附之。守之不驰，揉之且久，气惟中蕴[5]，而不旁溢，气积而力自积，气充而力自周。此气即孟子所谓，至大至刚，塞乎天地之间者，是吾浩然之气也。

设未及"充周"，驰意外走，散于四肢，不惟外壮不全，而内壮亦属不坚，则两无是处矣。

译文 第三点是：要保持气的充沛和周全。进行"揉"和"守"，目的是积累气。一旦气积累起来了，精神和血脉都会依附于它。如果能够坚守而不放松，持续地进行"揉"，气就会在体内中心区域积累而不向外散溢。气积累了，力量自然也会积累；气充沛了，力量自然也会周全。这种气就是孟子所说的那种至大至刚，充塞于天地之间的气，也就是我们所说的浩然之气。

如果气还没有达到充沛和周全的状态，就让它散逸到四肢，那么不仅外在的强壮不完整，内在的强壮也不坚固，这样两者都没有达到应有的效果。

原文 人之初生，本来原善，若为情欲杂念分去，则本来面目，一切抹倒。又为眼、耳、鼻、舌、身、意，分损灵犀，蔽其慧性，以致不能悟道。

所以，达摩大师面壁少林九载者，是不纵耳目之欲也。耳目不为欲纵，猿马[6]自被其锁缚矣。故达摩得斯真法，始能只履西归，而登正果也。

译文 人在出生之初，本性本来是善良的，但如果被情感、欲望和杂念所分散，那么这种本来的善良就会完全丧失。同时，由于眼、耳、鼻、舌、身、意这六根受到外界诱惑的损害，人的灵性和智慧也会被遮蔽，导致无法领悟到真正的道理。

因此，达摩大师在少林寺面壁九年，是为了避免放纵耳朵和眼睛的欲望。当耳朵和眼睛不被欲望所驱使，心猿意马自然就会被束缚。所以达摩大师能够领悟到真正的法门，最终只穿着草鞋返回西方，获得了正果。

原文 此篇乃达摩佛祖心印[7]，先基真法，在"守中"一句，其用在"含其眼光"七句[8]，若能如法行之，则虽愚则明，虽柔必强，极乐世界可立面登矣。

译文 这篇文章是达摩佛祖传授的心印，其基础的真法在于"守中"这一句话。具体的实践方法则包含在"含其眼光"等七句话中。如果能够按照这些方法去实践，那么即使是愚笨的人也能变得明智，柔弱的人也能变得坚强，能够立刻达到极乐世界的境界。

注释

[1] 中道：佛教名相，意为不堕有、无或空、假等"两边"，不偏不倚的中正之道，道即道理或方法。

[2] 守中：出自《老子》第五章："虚而不屈，动而愈出，多言数穷，不如守中。"

[3] 存想：导引术语。导引方法之一，存想中道，即意守中道。《天隐子》："存谓存我之神，想谓想我之身。"

[4] 如一不动：佛教名相，亦作如如不动。《金刚经》："不取于相，如如不动。"

[5] 中蕴：中即"守中"之"中"，蕴是蕴藏、积聚的意思。

[6] 猿马：即心猿意马，喻人心散乱如猿猴，胡思乱想。

[7] 心印：佛教名相。又名密印，心者佛心，印者印可。禅宗不立文字，不依言语，只以心传心。

[8] 七句：即前文"含其眼光，凝其耳韵，均其鼻息，缄其口气，逸其身劳，锁其意驰，四肢不动"。

揉　法

原文 夫揉[1]之为用，意在磨砺其筋骨也。磨砺者，即揉之谓也。其法有三段，每段百日。

译文 揉法的作用在于锻炼和强化筋骨。所谓的锻炼，就是揉。揉法的实践分为三个阶段，每个阶段持续一百天。

原文 一曰：揉有节候。如春月起功，功行之时，恐有春寒，难以（裹）〔裸〕体，只可解开襟次，行于二月中旬，取天道渐和，方能现身，下功渐暖，乃为通便，任意可行也。

译文 第一阶段是：揉法要顺应季节变化。比如从春天开始练习，刚开始的时候，可能会因为春寒而不适合裸露身体，所以可以先解开衣物。从二月中旬开始练习，这时自然界的气候逐渐变暖，可以开始裸露身体进行练习。随着天气变暖，身体也逐渐适应，这样练习起来会更加方便，可以随意进行。

原文 二曰：揉有定式。人之一身，右气左血[2]，凡揉之法，宜从身右，推向于左，是取推气入于血分，令其通融。又取胃居于右，揉令胃宽，能多纳气。又取揉者，右掌有力，用而不劳。

译文 第二阶段是：在进行揉法练习时，应该有一定的方式和方向。人的体内，右边是气，左边是血。所以揉法应该从身体的右侧推向左侧，这样做的目的是将气推向血，使它们能够融合。同时，因为胃位于身体的右侧，通过揉法可以使胃感到宽松，从而能够容纳更多的气。此外，由于大多数人的右手掌力量较大，使用右掌来揉既方便又不会感到劳累。

原文 三曰：揉宜轻浅。凡揉之法，虽曰人功，宜法天义。天地生物，渐次不骤，气至自生，候至物成。揉若法之，但取推荡，徐徐来往，勿重勿深，久久自得，是为合式。

译文 第三阶段是：揉应该轻柔且不深入。虽然揉法是人为的操作，但应该遵循自然的原则。自然界中生物的生长是逐渐进行的，不是突然发生的，气到了自然就会生长，时机到了自然就会成熟。揉法也应该模仿这种方式，主要是进行温和的推动和摇晃，动作要缓慢而有节奏，不要用力过猛或深入，持之以恒地这样做，自然能够达到预期的效果，这才是正确的方法。

原文 设合太重，必伤皮肤，恐生斑痱，深则伤于肌肉、筋膜，恐生热肿，不可不慎。（被揉者仰卧于床，使童子立床头，伸右手揉被揉者之右腹。）

译文 如果揉得太重，必然会伤害到皮肤，可能会生出斑点或痱子；如果揉得过深，可能会伤害到肌肉和筋膜，可能会导致发炎肿胀，所以不可不谨慎小心。（被揉的人平躺在床上，让一名助手站在床头，伸出右手来揉被揉者的右腹部。）

注释

[1] 揉：揉法是古代按摩手法之一，"揉"谓矫而正之。

[2] 右气左血：中医学认为，五脏脏象的定位是右肺左肝，肺属气、肝藏血。并非指肺和肝的解剖位置。

采精华法[1]

原文 太阳之精，太阴之华，二气交融，化生万物。

译文 太阳的精华和月亮的光辉，这两种气息相互交融，孕育和生成了世间万物。

原文 古人善采咽者，久久皆仙，其法秘密，世人莫知，即有知者，苦无坚志，且无恒心，是为虚负，居诸而成之者少也。

译文 古代那些擅长采集和吞咽精气的人，经过长时间的修炼能延年益寿。这种方法是秘密的，普通人并不知道。即使有人知道了，但由于缺乏坚定的意志和持之以恒的决心，最终还是无法成功，因此白白浪费了这种修炼的机会。真正能够坚持修炼并取得成果的人是很少的。

原文 凡行内炼者，自初功始，至于成功，以至终身，勿论闲忙，勿及外事。若采咽之功，苟无间断，则仙道不难于成，其所以采咽者，盖取阴阳精华，益我神智，俾凝滞[2]渐消，清灵[3]自长，百病不生，良有大益。

译文 凡是进行内炼修炼的人，从开始修炼直到成功，甚至终身，不论闲暇还是忙碌，都不应涉及外界的事务。如果采集和吞咽精气的修炼能够持续不断，那么能延年益寿就不难实现。之所以要进行采集和吞咽，是因为这样可以吸取自然界的阴阳精华，增强我们的精神和智慧，使身体中的凝滞逐渐消除，清灵之气自然增长，百病不生，这对健康有很大的益处。

原文 其法：日取于朔[4]，谓与月初之交，其气方新，堪取日精；月取于望[5]，谓金水盈满，其气正旺，堪取月华。

设朔、望日，遇有阴雨，或值不服[6]，则取初二、初三，十六、十七，犹可凝神补取，若过此六日，则日昃、月亏，虚而不足取也。

朔取日精，宜寅、卯[7]时，高处默对，调匀鼻息，细吸光华，合满一口，闭息凝神，细细咽下，以意送之，至于中宫[8]，是为一咽。如此七咽，静守片时，然后起行，任从酬应，毫无妨碍。

望取月华，亦准前法，于戌、亥[9]时，采吞七咽。此乃天地自然之力，惟有恒心者，乃能享用之，亦惟有信心，乃能取用之。此为法中之一部大功，切勿忽误也。

译文 修炼的方法中提到，在每个月的开始，即朔日，是采集太阳精华的最佳时期，因为这时的气是新鲜的，适合采集日精；而在月圆之时，即望日，是采集月亮精华的最佳时期，因为这时金水充盈，气最旺盛，适合采集月华。

如果朔日或望日遇到阴雨天气或者没有时间，可以在初二、初三或十六、十七这两天补充采集。如果超过了这六天，太阳就会开始西斜，月亮就会开始亏缺，气就虚了，不适合采集。

在朔日采集日精时，应该选择在寅卯时辰，到高处静静地对着太阳，调整呼吸，细细地吸收光华，直到口中满是精华，然后闭气凝神，慢慢地咽下，用意念将其送至中宫，这算作一次咽下。如此重复七次，然后静守片刻，之后就可以起来行动，做其他事情，不会有任何妨碍。

在望日采集月华时，也按照同样的方法，在戌亥时辰采集咽下七次。这是自然界的恩赐，只有那些有恒心和信心的人才能够利用它。这是修炼中的一大功法，千万不要忽视或弄错。

注释

[1] 采精华法：道家养生秘法，古代医书和道书中多有记载。

[2] 凝滞：医学术语，凝指血凝，滞指气滞，即气滞血瘀。

[3] 清灵：内丹术术语，清指清虚，灵指灵动。即清虚灵动，智慧显现。

[4] 朔：阴历（农历）每月初一、初二、初三三日为朔日，可采日精。又特指每月初一日。

[5] 望：阴历（农历）每月十四、十五、十六三日为望日，可采月华。又特指每月十五日。

[6] 不服：导引术语，服即服气，天气不佳不服。

[7] 寅、卯：寅时是地支的第三位，凌晨三点到五点。卯时是地支的第四位，早晨五点到七点。

[8] 中宫：内丹术术语，指中丹田。《中和集》："神居乾宫，气居中宫，精居坤宫。"

[9] 戌、亥：戌时是地支的第十一位，下午七点到九点。亥时是地支的最末一位，晚上九点到十一点。

服药法

原文 炼壮之功，外资于揉，内资于药。

行功之际，先服药一丸，约药入胃，将化之时，即行揉功。**揉**与药力，两相迎凑，乃为得法，过犹不及，皆无益也。

行功三日，服药一次，照此为常。

译文 修炼强壮身体的方法，外部依赖于揉法，内部依赖于药物。

在进行修炼的时候，首先服用一丸药，等到药物进入胃中，快要被消化的时候，就开始进行揉法修炼。揉法和药力相互配合，才是正确的方法。如果超过了适当的程度或者做得不够，都是没有益处的。

按照这个规则，每三天进行一次修炼，并服用一次药物，这是常规的做法。

内壮药方

原文 野蒺藜，炒去刺；白茯苓，去皮；白芍药，火煨；熟地黄，酒制；炙甘草，蜜炙；朱砂、水飞，各五两。人参；白术，土炒；当归，酒制；川芎，各一两。共为细末，炼蜜为丸，重二钱[1]，每服一丸，汤酒任下。

译文 野蒺藜要去刺并且炒制；白茯苓要去皮；白芍药需要用火煨制；熟地黄用酒洗净；甘草要用蜜烘炙；朱砂用水飞法处理以上药物各五两。人参；白术用土炒制；当归一两用酒洗净；川芎一两。将这些药材共同研磨成粉末，用炼制的蜂蜜制成药丸，每丸药重约二钱，可以用汤或酒辅助服用，每次服用一丸。

原文 一云，多品合丸，其力不专，另立三方任用。

一方：蒺藜炒去刺，炼蜜为丸，每服一钱或二钱。

一方：朱砂，三分水飞过，蜜水，调下。

一方：茯苓，去皮为末，蜜丸或蜜水调下，或作块浸蜜中，久浸愈佳，约服一钱。

译文 有人说，多种药材混合制成的丸药，其药效可能会相互抵消，不够专一。因此，另外提出三个单独使用的方子。

第一个方子：野蒺藜，炒过后去掉刺，用炼蜜制成丸，每次服用一钱或二钱。

第二个方子：朱砂，用水飞法处理后，每次服用三分，用蜜水调服。

第三个方子：茯苓，去皮后制成末，可以制成蜜丸或者用蜜水调服，或者将茯苓块浸在蜜中，浸得越久效果越好，每次服用约一钱。

注释

[1] 一钱：相当于 3 克。

上篇

23

汤洗方

原文 行功之时，频宜汤洗，盖取其盐能软坚，功力易入，凉能散火，不致骤热。

一日一洗，或二日一洗，以此为常，功成则止。

地骨皮、食盐，各宜量，入煎水，乘热汤洗，则血气融和，皮肤舒畅矣。

译文 在进行修炼的时候，应该经常用热水洗澡，这是因为盐能够软化坚硬的物质，使得修炼的效果更容易渗透；而热水能够散热，不至于让身体突然感到过热。

可以每天洗一次，或者每两天洗一次，保持这样的习惯，直到修炼完成为止。

地骨皮和食盐的用量要适量，将它们一起煎水，趁着热水热的时候进行洗浴，这样能够使血气顺畅，皮肤感到舒适。

初月[1]行功法

原文 初揉之时，拣择少年童子，更迭揉之，一取力小，揉推不重，一取少年，血气壮盛。

未揉之，先服药一丸，约药将化时，即行揉法，揉力与药一齐运行，乃得其妙。

译文 在开始进行揉法修炼的时候，应该选择青少年儿童来轮流进行揉推。这样做有两个原因：一是儿童力气较小，揉推时不会用力过猛；二是年轻人血气方刚，精力充沛。

在开始揉推之前，先服用一丸药，等到药物快要被消化的时候，就开始进行揉推。这样揉推的力度和药效可以一同发挥作用，从而达到最佳效果。

原文 揉时当解襟仰卧，心下脐上，适当其中，按以一掌，自右向左揉之，徐徐往来均匀。勿轻而离皮，勿重而着骨，勿乱动游击，斯为合式。

译文 在进行揉推时，应当解开衣物，平躺下来，选择心口和肚脐之间的中间位置，用一个手掌按住，然后从右向左进行揉动，动作要缓慢且均匀。揉动时不要轻到只是触及皮肤，也不要重到触及骨头，不要乱动或者随意打击，这样才是正确的方式。

原文 当揉之时，冥心内观，着意守中，勿忘勿助，意不外驰，则精、气、神皆附注一掌之下。是为如法。

译文 在进行揉推的时候，要集中精神，向内观察，专注地守住身体的中心部位，不要分心也不要过度用力，意念不要向外分散，这样精气神都会集中在你手下的位置。这样做才符合正确的方法。

原文 火候若"守中"练熟，揉推匀净，正揉之际，竟能睡熟，更为得法，愈于醒守也。如此行时，约略一时。时不能定，则以大香[2]二炷为则，早、午、晚共行三次，日以为常。

译文 如果"守中"的火候练习得熟练，揉推的动作均匀干净，那么在进行揉推的过程中，能够自然地入睡，这表示修炼方法得当，比清醒时保持守中的状态更为有效。按照这样的方式进行修炼，大约需要持续一个时辰。如果不能准确计时，可以用两炷香的时间作为参考，早上、中午、晚上各修炼一次，每天都保持这样的习惯。

原文 如少年火盛，只宜早晚两次，恐其太骤，致生他虞，行功既毕，静睡片刻，清醒而起，应酬无碍。

译文 如果是年轻人，由于体内火力旺盛，建议只早晚进行两次修炼，以免修炼过于急促，导致出现其他问题。修炼结来后，静静地躺一会儿，等头脑清醒后再起来，这样日常的社交和工作不会受到影响。

[1] 初月：指农历第一个月。

[2] 大香：指的是用于祭祀或宗教仪式的香，这里指时间的计时器。

二月行功法

原文 初功一月，气已凝聚，胃觉宽大，其腹两旁，筋皆腾起，各宽寸余，用气努之，硬如木石，便为有验。

两筋之间，自心至脐，软而有陷，此则是膜较深于筋，掌揉不到，不能腾起也。

此时应于前所揉，一掌之旁，各揉开一掌，乃如前法，徐徐揉之，其中软处，须用木杵[1]，深深捣之。

久则膜皆腾起，浮至于皮，与筋齐坚，全无软陷，始为全功。

此揉、捣之功，亦准二香，日行三次，以为常则，可无火盛之虞矣。

译文 在修炼的初期，经过一个月的练习，体内的气已经开始凝聚，胃部会感到更加宽广，腹部两侧的筋肉都会隆起，每侧宽度超过一寸。当你用力时，这些筋肉会像木头和石头一样坚硬，这就是修炼有效果的证明。

然而，在两侧筋肉之间，从心脏到肚脐的部分，会感到柔软并且有凹陷，这是因为筋膜比筋肉更深，手掌揉动时无法触及，因此无法使其隆起。

在这个阶段，应该在之前揉动的区域旁边，再向两侧各扩展一掌宽，继续按照之前的方法慢慢揉动。对于那些柔软的部位，需要使用木杵深入地捣压。

久而久之，筋膜也会像筋肉一样隆起，接近皮肤，与筋肉一样坚硬，完全没有柔软的凹陷，这样才算完成了全部的修炼。

这种揉动和捣压的修炼，也应按照两炷香的时间进行，每天进行三次，形成日常的修炼习惯，这样可以避免因火气过盛而带来问题。

注释

[1] 木杵：一种古老的工具，主要用于舂米或捣物，也可以作为洗衣器具，用于捶打衣物以去除水分和污物。木杵通常由木头制成，形状为短木棒，前端较粗，手柄处略细。

三月行功法

原文 功满两月，其间陷处，至此略起，乃用木槌，轻轻打之。两旁所揉，各宽一掌处，却用木槌，如法捣之。

又于其旁，至两筋稍，各开一掌，如法揉之。

准以二香为则，日行三次。

译文 在修炼内壮功夫满两个月后，之前腹部软陷的部位会稍微隆起。这时，应该使用木槌轻轻敲打。对于两侧已经揉开，宽度各增加一掌的位置，同样使用木槌按照方法捣压。

接着，在这些位置旁边，接近肋骨末端的地方，再各扩展一掌宽，继续按照同样的方法揉压。

每次修炼的时间以两炷香为标准，每天进行三次修炼。

四月行功法

原文 功满三月，其中三掌，皆用槌打，其外二掌，先捣后

上篇

打。日行三次，俱准二香，功逾百日，则气满筋坚，膜亦腾起，是为有验。

译文 修炼功夫满三个月后，对于中间三掌宽的区域，都使用木槌轻轻敲打；对于外侧两掌宽的区域，先使用木杵搞压，然后再用木槌敲打。每天进行三次修炼，每次修炼的时间都以两炷香为标准。当修炼超过百日之后，体内的气将充沛，筋肉变得坚硬，筋膜也会隆起，这些都是修炼有效果的明显标志。

行功轻重法

原文 初行功时，以轻为主，必须童子，其力平也。

一月之后，其力渐盛，须有力者，渐渐加重，乃为合宜。切勿太重，以至动火，切勿游移，或致伤皮。慎之，慎之！

译文 刚开始进行修炼时，应该以轻柔为主，必须选择青年来操作，因为他们的力度比较平和。

一个月之后，随着修炼效果的显现，力度会逐渐增强，这时需要力量较大的人来操作，并逐渐增加力度，这样才是合适的。一定不要用力过重，以免引起上火；也一定不要游移不定，以免伤害皮肤。一定要谨慎，再谨慎！

用功浅深法

原文 初功用揉，取其浅也，渐次加力，是因气坚，稍为增重，仍是浅也。

次功用捣，方取其深，再次用打，打外虽尚属浅，而震入于内则属深，俾内外皆坚，方为有得。

译文 修炼初期使用揉法，是因为揉法作用较浅，随着修炼的深入，气会越来越坚实，这时可以适当增加力度，但仍然保持较浅的作用。

中期修炼使用捣法，这时是为了达到更深的效果。后期修炼使用打法，虽然从外部看打法仍然较浅，但震动传递到内部则属于深层作用，使得内外都变得坚实，这样才算是真正有所收获。

两肋内外功夫

原文 功逾百日，气已盈满，譬之涧水，平岸浮堤，稍为决道，则奔放他之，无处不到，无复在涧矣。当此之时，切勿用意引入四肢，所揉之外，切勿轻用槌杵捣打。略有引导，则入四肢，即成外勇，不复来归，行于骨内，不成内壮矣。

译文 修炼超过百日，体内的气已经充满，就像山涧的水，当它平岸浮堤时，只要稍微打开一个通道，水就会奔流而出，无处不到，不再局限于山涧之中。在这个阶段，千万不要有意识地将气引导到四肢，对于揉推之外的部位，也不要随意使用槌杵捣打。如果稍有引导，气就会流入四肢，形成外在的勇力，而不再回归内部，这样气就会在骨骼内流动，而不会形成内在的强壮。

原文 其入内之法：为一石袋，自从心口，至两肋稍，骨肉之间，密密捣之。

兼用揉法，更用打法，如是久久，则所积盈满之气，循之入骨，有此则不外溢，始成内壮矣。

内外两支，于此分界，极当辨审，倘其中稍有夹杂，若轻用引弓、拿拳、打扑等式，则气趋行于外，永不能复入内矣。慎之，慎之！

译文 要将气引入体内，可以制作一个石袋，从心口到两侧肋骨稍的部位，在骨头和肉之间密集地敲打。

同时结合揉法和打法，长时间这样做，那么积聚充盈的气就会沿着路径进入骨骼，有了这样的效果，气就不会外溢，从而形成内壮。

在修炼内壮和外壮的过程中，这里是区分两者的界限，必须非常仔细地区分。如果在这个过程中稍有不慎，比如轻易使用拉弓、握拳、击打等动作，那么气就会流向外部，永远不能再回到内部。因此，必须非常谨慎！非常谨慎！

木杵木槌说

原文 木杵、木槌皆用坚木为之，降真香为最佳，文楠次之，花梨、白檀、铁梨又次之。

杵长六寸，中径五分，头圆尾尖，即为合式。

槌长一尺，围圆四寸，把细顶粗，其粗之中处略高少许，其高处着肉，而两头尚有间空，是为合式。

译文 木杵和木槌应当使用坚硬的木材来制作。其中，降真香木是最佳的选择，其次是文楠木，然后是花梨木、白檀木和铁梨木。

木杵的长度为六寸，中间直径为五分，头部应为圆形，尾部应为尖形，这样就是合适的样式。

木槌的长度为一尺，周围圆周为四寸，手柄部分较细，顶端较粗，其中粗的部分中间应略高一些。在高处接触肉体，而两端还应留有空隙，这样就是合适的样式。

石袋说

原文 木杵、木槌，用于肉处，其骨缝之间，悉宜石袋[1]打之。

取石头要圆净，全无棱角，大如葡萄，小如榴子，生于水中者，乃堪入选。

山中者，燥燥则火易动；土中者，郁郁则气不畅。皆不选也。若棱角坚硬，定伤筋骨，虽产诸水，亦不可选。

袋用油布缝作圆筒，如木杵形样，其大者长八寸，其次六寸，再次五寸。

大者，石用一斤，其次十二两[2]；小者，半斤。分置袋中，以指挑之，挨次扑打，久久行之，骨缝之间，膜皆坚壮也。

译文 木杵和木槌，用于捶打肉，特别是骨头之间的缝隙，最好用石袋来敲打。

选择石头时要选那些圆润、没有棱角的，大到像葡萄，小到像石榴籽，最好是在水里形成的石头，这样的石头才适合选用。

如果是山里的石头，因为干燥容易带有火气；如果是土里的石头，因为土气郁结而气不畅，这两种都不适合选用。如果石头有棱角且坚硬，肯定会伤害到筋骨，即使它是产自水中的，也不能选用。

制作石袋要用油布缝成一个圆筒形状，就像木杵一样，大的长八寸，次大的六寸，再次的五寸。

大的石袋装石头一斤，次大的装十二两，小的装半斤。分别放在石袋中，用手指挑起，依次拍打，持之以恒地这样做，骨头缝隙之间的膜就会变得坚韧有力。

注释

[1] 石袋：装石头的袋子。

[2] 两：古代常用的重量单位，一斤为十六两。

五、六、七、八月行功法

原文 功逾百日，心下两旁，至两肋之稍，已用石袋打，而且揉矣。

此处乃骨缝之交，内壮、外壮，在此分界，不于此处导引向外，则其积气向骨缝中行矣。

气循打处，遂路而行，宜自心口，打至于颈；又自肋稍，打至于肩，周而复始，均不可逆打。

日行三次，共准六香，勿得间断，如此百日，则气满前怀，任脉充盈，功将半矣。

译文 练习超过百天后，从心口两侧到两肋的边缘，已经使用石袋进行了敲打和揉按。

这个区域是骨头缝隙的交会处，是内壮和外壮的分界线。如果不在这里引导气流向外，那么积累的气流就会向骨头缝隙中流动。

气流会沿着敲打的路径流动，应该从心口开始，向上敲打至颈部；再从肋部边缘，敲打至肩部，循环进行，不可反向敲打。

每天进行三次，每次相当于六炷香的时间，不要间断。这样百日后，胸部的气就会充满，任脉也会充盈，练习就完成了一半。

36

九、十、十一、十二月行功法

原文 功至二百日，前怀气满，任脉充盈，则宜运入脊后，以充督脉，从前之气，以至肩颈，今则自肩至颈，照前打法，兼用揉法，上循玉枕 [1]，中至夹脊 [2]，下至尾闾 [3]，处处打之，周而复始，不可倒行。

脊旁软处，以掌揉之，或用槌杵，随便捣打，日准六香，其行三次，或上或下，或左或右，揉打周遍。如此百日，气满脊后，能无百病，督脉充满。凡打一次，用手遍搓，令其均润。

译文 当练习到二百天时，胸部的气已经充满，任脉也变得充盈，这时应该将气运行到脊椎后面，以此来充实督脉。之前的气息已经上升到了肩部和颈部；现在则从肩部到颈部，按照之前的方法进行敲打，并结合揉按的方法，上至玉枕（位于后脑的部位），中间到达夹脊（指的是背部中央的脊椎部位），下至尾闾（指的是尾骨部位），每个部位都要进行敲打，循环进行，不可逆向操作。

对于脊椎两侧的柔软部位，可以用手掌进行揉按，或者使用槌杵随意地进行捣打。每天按照六炷香的时间进行三次练习，可以是向上、向下、向左或向右，揉打要全面覆盖。这样再练习一百天，气充满脊椎之后，能够消除百病，督脉也会充满。每次敲打之后，都要用手全面搓揉，使其均匀滋润。

注释

[1] 玉枕：在相术和人体解剖学中，玉枕指脑后的隆起部分，即枕骨。

[2] 夹脊："夹"表示相对的方向固定不动，"脊"则指脊柱。因此，"夹脊"指的是脊柱两旁的位置。

[3] 尾闾：骨名，即尾骨。

配合阴阳法

原文 天地一大阴阳也，阴阳相交，而后万物生；人身一小阴阳也，阴阳相交，而后百病无。

阴阳互用[1]，气血交融，自然无病，无病则壮，其理分明。然行此功，亦借阴阳交互之义，盗天地万物之元机也，如此却病。

凡人身中，其阳衰者，多患痿弱，虚惫之疾，宜用童子少妇，依法揉之。盖以女子外阴而内阳[2]，借取其阳，以助我之衰，自然之理也。

若阳盛阴衰者，多患火病，宜用童子少男，盖以男子外阳而内阴[3]，借取其阴，以制我之阳盛，亦是元机。

至于无病之人，行此功者，则从其便，若用童男少女，相间揉之，令其阴阳各畅，行之更妙。

译文 天地是一个大的阴阳系统，阴阳相互交合，然后万物才能生长；人体是一个小的阴阳系统，阴阳相互交合，然后才能百病不生。

阴阳相互利用，气血交融，自然就不会生病，不生病就意味着身体强壮，这个道理是很明显的。然而，练习这种功法，也是借助阴阳相互交合的原理，窃取天地万物的原始机制，以此来祛除疾病。

在一般人的身体中，如果阳气衰弱，通常会患有萎靡不振、虚弱无力的疾病，最好由年轻的女子，按照规定的方法进行揉按。因为女性外表属阴而内在属阳，借用她们的阳气来帮助自己衰弱的阳气，这是自然的道理。

如果阳气过盛而阴气衰弱，通常会患有热性疾病，应该由年轻的男子，因为男性外表属阳而内在属阴，借用他们的阴气来抑制我自己过盛的阳气，这也是一个基本原理。

至于没有疾病的人，练习这种功法，可以根据个人方便，如果由年轻的男女交替进行揉按，使阴阳各自畅通，这样做效果会更好。

注释

[1]阴阳互用：指阴阳双方具有相互依存、相互促进和助长的关系。具体来说，"阴阳互用"是指阴阳双方在相互依存的基础上，某一方不断地滋生、促进和作用于另一方。这种关系在自然界和人体内都有广泛的体现。

上篇

[2]内阳：内在属阳。

[3]内阴：内在属阴。

内壮神勇^[1]

原文 壮有内外，前虽言分，量尚未究竟，此再明之。自行胁肋打揉之功，气入骨分，令至任、督二脉，气充遍满，前后交接矣。

尚未见力，何以言勇？盖以气未到手也，法用石袋，照前打之。

先用右肩以次打下，至于右手中指之背；又从肩背后，打至大指、食指之背；又从肩前，打至无名指、小指之背；后从肩里，打至掌内大指、食指之梢；又从肩外，打至掌内中指、无名指、小指之梢。打毕用手处处搓揉，令其匀和。

译文 强壮分为内在和外在两个方面，之前虽然提到了它们的区别，但还没有完全解释清楚，这里再次明确说明。自己对胁肋部位进行敲打和揉按的功夫，使得气力能够进入骨骼，进而到达任脉和督脉，使得气力充沛并遍布全身，前后贯通。

如果还没有显现出力量，怎么能说是勇猛呢？这是因为气力还没有到达手部。方法是使用石袋，按照前面提到的方式进行敲打。

首先从右肩开始，依次向下敲打，直到右手中指的背部；然后从肩背部位，敲打到大拇指和食指的背部；再从肩前部位，敲打到无名指和小指的背部；之后从肩内侧，敲打到手掌内侧大拇指和食指的指尖；最后从肩外侧，敲打到手掌内侧中指、无名指和小指的指尖。敲打完毕后，用手在各个部位进行搓揉，使其均匀和谐。

原文 日限六香，分行三次，时常汤洗，以疏气血。

功毕百日，其气始透，乃行左手，仍准前法，功亦百日。

至此则从骨中，生出神力，久久加功，其臂、腕、指、掌，迥异寻常，以意努之，硬如铁石。并其指，可惯牛腹；侧其掌，可断牛头。然此皆小用之末技也。

译文 每天限制在六炷香的时间内，分为三次进行练习，经常用热水洗浴，以疏通气血。

练习满一百天后，气力开始渗透，然后开始练习左手，仍然按照前面的方法，练习也是一百天。

到了这个阶段，从骨骼中生出神奇的力量，持续加力练习，手臂、手腕、手指、手掌与常人大不相同，用意念驱动，坚硬如铁石。并拢手指，可以穿透牛的腹部；侧掌，可以切断牛的头部。然而这些都只是小技艺。

注释

[1]内壮神勇：指一种通过修炼达到内在强健和外在勇猛的状态。具体来说，"内壮"是指通过修炼使内在的骨、髓、精、气、血等得

到充盈，从而形成坚实的身体基础；"神勇"则是指在内在强健的基础上表现出勇敢和强大的外在。

炼手余功

原文 行功之后，余力炼手。

其法：常以热水，频频汤洗，初温，次热，最后大热。自掌至腕，皆令周遍。汤毕，不用拭干，即趁热摆撒其掌，以至自干。摆撒之际，以意努气，至于指尖，是生力之法。

又以黑、绿二豆，拌置斗中。以手插豆，不计其数。

一取汤洗，和其血气；一取二豆，能去火毒；一取磨砺，坚其皮肤。如此功久，则所积之气，行至于手，而力充矣。

译文 在完成主要的练习之后，还应该利用剩余的力量来锻炼手部。

方法是这样的：经常用热水反复洗浴手部，开始时水温要温和，然后逐渐变热，最后用非常热的水。从手掌到手腕，要确保热水覆盖到每一个部位。洗完后，不要擦干手，而是趁着手部还热的时候，摆动和撒开手掌，直到手自然干燥。在摆动撒手的过程中，要用意念将气力集中到指尖，这是一种增强力量的方法。

另外，将黑豆和绿豆混合放在容器中。用手插进豆子里，尽量多练习。

这样做有三个目的：一是用热水洗浴可以调和血气；二是黑豆和绿豆能够帮助去除体内的火毒；三是通过对豆子的插摸，可以磨砺皮肤，使其变得更加坚韧。如果长期坚持这样的练习，那么积累的气力就会运行到手部，使得手部的力量得到充分的增强。

原文 其皮肤、筋膜两坚，着骨不软不硬，如不用之时，与常人无异，用时注意一努，坚如铁石，以之御物，莫能当此。盖此力自骨中生出，与世俗所谓外壮，迥不相同。

内外之分，看筋可辨，内壮者，其筋条畅，其皮细腻，而其力极重。若外壮者，其皮粗老，其掌与腕，处处之筋，尽皆盘结，壮如蚯蚓，浮于皮外，而其力虽多，终无基本。此内外之辨也。

译文 当皮肤和筋膜都变得坚韧时，附着在骨头上的肌肉既不软也不硬，在平时不使用这些力量时，和普通人没有区别，但当需要使用时，只需集中注意力一发力，就能坚硬如铁石，用这样的力量去抵御外物，没有什么不会被抵挡住。这种力量是从骨骼中生发出来的，与世俗所说的外部强壮完全不同。

要区分内外两种强壮，可以通过观察筋脉来判断。内壮的人，他们的筋脉流畅，皮肤细腻，而力量非常沉重。而外壮的人，他们的皮肤粗糙老化，手掌和手腕处的筋脉都盘结在一起，像蚯蚓一样浮在皮肤表面，虽然力量看似很多，但终究缺乏根基。这就是内外强壮的区别。

外壮神力八段锦[1]

原文 内壮既得，骨力坚凝，然后可以引达于外，盖以其内有根基。

由中达外，方为有本之学，炼外之功，概此"八法"，曰提、曰举、曰推、曰拉、曰揪、曰按、曰抓、曰盈。依此八法，努力行之，各行一遍，周而复始，不计其数。

亦准六香，日行三次，久久成功，力充周身。

用时照法取力，无不响应，骇人听闻。古所谓，手托城闸，力能举鼎，俱非异事。

其"八法"，若逐字单行，以次相及，更为精专，任从其便。

译文 当内壮的功夫已经练成，骨骼的力量变得坚实之后，就可以将这种力量引导到外部，这是因为内壮为外壮打下了根基。

从内到外的修炼，才是真正的学问。修炼外部的功夫，大致包括"八法"，即提、举、推、拉、揪、按、抓、盈。根据这八种方法，努力去实践，每种方法都练习一遍，然后循环往复，不计次数。

也按照每天六炷香的时间，分为三次进行，长久坚持下去，就能使力量遍布全身。

使用时，按照方法发挥力量，无不应验，令人惊叹。古人所说的手托城门、力举巨鼎，都不是稀奇事。

这"八法"如果逐一单独练习，依次进行，会更加精细专业，可以根据个人方便进行选择。

[1] 外壮神力八段锦：指一种通过特定动作和呼吸配合来增强身体外部力量的功法。

神勇余功

原文 内外两全，方称神勇，其功既成，以后常宜演炼，勿轻放逸。

一择园木诸树，大而且茂者，是得木土旺相之气，与众殊也。有暇之时，即至树下，任意行功，或槌，或挖，或推、拉、踢、拔，诸般作势，任意为之，盖取得其生气，以生我力，而又取暇，以成功也。

一择山野挺立大石，秀润完好，殊众者。时就其旁，亦行推、按，种种字法，时常演之。

盖木石得天地之钟英，我能取之，良有大用。稽古大舜，与木石居，非慢然也。

译文 只有当内外都变得强壮，才能被称为真正的神勇。一旦这样的功夫练成，以后就应该持续不断地练习，不要轻易放松或放纵自己。

一是选择园林中那些高大茂盛的树木，因为它们吸收了充足的木土之气，与其他树木不同。在有空闲的时候，就到这些树下，随意地进行各种练习，比如捶打、推拉、踢拔等，各种动作都可以做，主要是为了吸收树木的生气，以此来增强自己的力量，同时也利用这个机会来取得成功。

二是选择山野中那些挺立、外表秀美、完好无损、与众不同的大石头。在这些石头旁边，也进行推、按等动作，经常练习这些方法。

因为树木和石头吸收了天地的精华，如果我们能够利用它们，将会有很大的用处。回顾古代，大舜与树木和石头为伴，并不是无意义的行为。

贾力运力势法

原文 其法：用意蓄气，周身处处。

初立运之，立必捉直，彻顶踵，无懈骨，卷肱掌，指稍屈，两足齐踵，相去数寸，立定；两手从上，如按物难下状，凡至地，转腕从下，挂物难上，过其顶，两手则又攀物难下，而至肩际，转腕掌向外，微拳之，则卷肱立如初。

乃卷两肱开向后者三；欲令气不匿膺间也；却舒右肱拦之，欲右者，以左逮，于左之爪相向矣。

译文 这个方法是：用意念来积蓄气力，使全身各处都充满力量。

开始站立时，要将身体挺直，从头到脚，没有松懈的部位，卷起手臂手掌，手指稍微弯曲，两脚脚跟并拢，相距数寸，站立稳定；两手从上方开始，如同按着难以压下的物体，直到地面，然后翻转手腕从下方，如同支撑难以抬起的物体，超过头顶，两手再如同攀爬难以下降的物体，直到肩高，翻转手腕使手掌向外，微微握拳，然后卷起手臂站立，就像最初那样。

接着，将双臂向后卷三次；这样做是为了让气力不隐藏在胸部；然后舒展右臂进行阻挡，如果向右伸展，就用左手去捕捉，使得左手的指尖与右手的指尖相对。

原文 如将及之，则左手撑而极左，右手拉而却右，左射引满，引满右肱，卷如初矣。

则舒左肱，拦右手，撑左手，扯且满。以右法，左右互者，各三之。

则卷两肱，立如初，左手下附左外踝，踝掌兢劲相切也。

则以右手推物，使左倾，倾矣，顾曳之。使右倚肩际，如是者三之。则右手以下，以左法，左推曳之。以右法者三之。

则卷两肱，立如初，平股掇重者举，势极则（拨）〔扳〕，盖至乳旁而攀矣。

译文 当接近目标时，左手要用力撑开至极左侧，右手则向右侧拉回，左手像拉满弓一样，拉满后放松右臂，使其恢复到最初的状态。

接着舒展左臂，用右手去拦阻，左手撑开，右手拉扯直至完全伸展。按照同样的方法，左右交替进行，各做三次。

然后双臂卷起，恢复到最初的站立姿势，左手向下贴附在左腿外侧脚踝处，手掌和脚踝紧靠。

接着用右手推物，使身体向左倾斜，倾斜后再拉回。使右肩靠在肩际，这样的动作重复三次。然后右手向下，按照左手的方法，左手推拉。按照右手的方法重复三次动作。

最后双臂卷起，恢复到最初的站立姿势，平举大腿，如举起重物，姿势达到极致时，扳动，直到手掌贴至胸部旁边。

原文 握固腹则左右间，不附腹也，高下视脐之轮；则劈右拳，据右肩旁一强物，至左足外踵，转腕托上托尽，而肱且右则扳而下，至右肩际拳之；右拳据右腰眼，左右互者，各三之。

徐张后，两拳而前交，又指上举，势极则转腕。

举者，掌下十指端上也。扳者，掌上十指端下也。又掌上拱，手项具筐腋下，皆为举扳焉。就其势倒而左几，左足外地，以前势起，倒而左右互者，各三之。

译文 握紧拳头，腹部左右两侧要保持一定的距离，不要紧贴腹部，视线要集中在脐部周围。然后挥动右拳，从右肩旁边的位置开始，向左侧足外踝的方向挥动，转动手腕向上托起，直到极限，同时右臂向右扳动向下，回到右肩旁边并握拳；右拳放在右腰侧，左右交替进行，各做三次。

慢慢张开双臂向前交叉，手指向上举起，当达到极限时转动手腕。

"举"是指手掌向下，十指朝上的动作。"扳"是指手掌向上，十指朝下的动作。同时手掌向上拱起，手臂弯曲，手肘靠近腋下，这些都是"举"和"扳"的动作。接着顺势向左侧倾斜，左足向外移动，用之前的动作起身，左右交替进行，各做三次。

原文 凡人倒左者，左膝微讪也；倒右者，右膝微讪也；不讪者，法也。

乃取盐汤壮温者，濯右手背，指濡之平直，右肱横挥之而燥则濯左；左挥右燥，复左右互者，各三之，挥且数十矣。

自是两肱不复卷矣。乃蹬右足数十次，乃其期蹬以其踵，则抵之颈，以其趾或绊之也。

则屹立敛足，举前踵，顿地数十，已而两足蹲立，相去以尺，乃挥右拳，前击数十，左之；乃仰卧，复卷肱，如立时然，作振脊欲起者数十，而功竣焉。

译文 人向左侧倒，通常是因为左膝微微弯曲；向右侧倒，通常是因为右膝微微弯曲；如果不弯曲，那么是符合标准的。

然后取一些温暖适度的盐水，用来浸泡右手背部，手指也要浸湿，然后平直地伸展，用右臂横向挥动使其干燥，然后再浸泡左手；左手挥动干燥后，再浸泡右手，左右交替进行，各做三次，挥动数十次。

从此以后，双臂就不再卷曲了。接着，蹬右足数十次，期间用脚跟抵住颈部，或者用脚趾绊住。

然后挺立站稳，提起前脚跟，用力踩地数十次；之后两足蹲立，相距约一尺，然后挥动右拳向前击打数十次，左边的也是；然后仰卧，再卷起双臂，就像站立时那样，做震动脊柱想要起身的动作数十次，这样练习就完成了。

原文 凡用势，左右必以其脊，但凡揸气，必迄其功，凡工日二、三，必微饮后，及食后一时行之；行之时，则以拳遍自捶，勿使气有所不行，时揸五指，头捣户壁。

凡按久而作木石声，为作屈肘前上之，屈拳前上之，卧必侧面，上手拳而杵席作卧，因其左右，其拳指握固。

译文 在进行各种动作时，身体左右两侧必须以脊柱为轴心，无论是在吸气还是呼气时，都必须完成整个动作。每天练习两到三次，最好在少量饮酒后或饭后一小时左右进行；练习时，要用手轻轻敲打全身，确保气力能够流通到每一个部位，时不时地伸展五指，用头轻撞墙壁。

如果长时间按压会发出像木石一样的声音，这是因为屈肘向前上方提起，屈拳向前上方提起。睡觉时最好侧卧，上面的手要握拳，像杵一样支撑在床上，根据左右侧卧的不同，拳头和手指要紧握。

中

篇

理解易筋经

易筋经作为我国流传甚广、功效显著且影响深远的一种功法，流派分支繁多，各具特色，常被冠以各种名头，如某氏、某传等。初学者初涉此道，往往会感到眼花缭乱，不知所措。

然而，尽管易筋经的流派众多，但大致可归纳为三大源流：丹家易筋经、医家易筋经和武家易筋经。这三者分别源于炼丹修道之人、行医之人以及习武之人的实践与传承。它们各自有着独特的练习目的和心法侧重点，共同构成了易筋经这一博大精深的功法体系。

丹家易筋经主要是炼丹修道之人为了追求身心合一、延年益寿而修炼的功法。这类易筋经注重内在气息的调养和精神的修炼，通过一系列的呼吸吐纳、打坐冥想等方法，达到身心和谐、内外兼修的境界。其心法侧重于内功的修炼和精神的升华，对于提升人的精神状态和内在修为着显著的效果。

丹家易筋经专为那些追求长生不老、修炼丹道之士设计。与武家和医家相比，丹家易筋经的心法要求更为苛刻，细节之处更是精益求精，内在讲究更是繁多。不同的丹法流派之间，差异巨大，令人惊叹。然而，由于传承隐秘，这门神奇的功法流传并不广泛，遇到的机会也是寥寥。

　　相比之下，医家易筋经则显得更为平易近人一些。医家易筋经指的是行医之人为了指导病人练习健身、治疗疾病而自修或传授的功法。这类易筋经更注重实用性和针对性，根据病人的具体病情和身体状况，制定个性化的练习方案。其心法侧重于外功的锻炼和身体的调理，通过一系列的伸展、按摩、拍打等动作，促进气血流通、舒筋活络，从而达到治疗疾病、强身健体的目的。

　　它介于武家和丹家之间，既包含了武术的刚猛之气，又融入了医学的养生之道。然而，正是这种中庸之道，使得医家易筋经的传承变得异常散乱。许多习练者都是抱着治病或养生的目的，他们往往只是浅尝辄止，稍有成效便心满意足。相较于武家和丹家，医家易筋经的效果自然略显逊色。因此，真正下功夫去研究、整理这门功法的人并不多见，导致其体系不够完善。

　　此外，医家易筋经的传承还非常依赖于传授者。只有那些自身功夫精湛、医理深厚的高人，才能真正指导人们习练易筋经并取得显著效果。这样的高手在世间实属罕见，因此医家易筋经的流传范围也相对较小。仅有少数既精通中医理论（因为医家易筋经的一些指导理论与武家和丹家有所不同，它是按照中医理论来的，而中医理论更侧重于后天调养；相比之下，武家和丹家的指导理论则更加偏向先天修为）又懂得养生之道的人士，在进行着比较系统的传承工作。想要找到这样的高人，除了需要一定的机缘，还需要具备足够的耐心和毅力。

　　而武家易筋经，则是习武之人为了增强身体素质、提高武术技能而练习的功法。作为传统武术的重要组成部分和强身功法的源头之一，武家易筋经在习武之人这个群体中的受众最多，流传也最广。其心法侧重于力量的训练和技巧的提升，通过一系列的拳术、腿法、身法等练习，增强肌肉力量、增加身体灵活性和协调性，从而在武术实战中发挥更大的威力。

在这三大学派之中，武家易筋经无疑是影响最为深远、流传最为广泛的一支。由于其在习武之人中受众广泛和具有深厚的实践基础，它的功法得以更加系统地整理和传承。其外形动作清晰明确，易于上手，且容易见效，因此深受普罗大众的喜爱和追捧。

易筋经在当代有何意义

易筋经不仅在内家拳体系中占据着重要地位，更在整个中国传统武术的浩瀚星河中熠熠生辉，成为连接古今武学智慧的桥梁。它不是一套简单的功法或是一系列技术动作的组合，而是蕴含深厚哲理、融汇医学与武学精髓的宝藏，是构建内家拳乃至中国传统武术理论体系不可或缺的基石。

谈及内家拳，人们往往会想到以柔克刚、内外兼修，而这一切的根源，皆可追溯至易筋经博大精深的理论体系。易筋经，顾名思义，"易"者，变也，寓意修炼此经，可使人体之筋骨、脏腑乃至精神气质发生脱胎换骨的变化；"筋"则指人体之经络、筋骨，是力量与灵活性的源泉。因此，《易筋经》实则是一部指导如何通过内在修炼，达到身心合一、强身健体、延年益寿的武学圣典。

其重要性，不仅仅体现为它是内家拳习练者的入门基石，更体现在它是所有追求武术至高境界者的必经之路。无论是太极拳的以静制动、形意拳的象形取意，还是八卦掌的步法灵活、八极拳的刚猛爆发，都能在易筋经中找到理论依据与实践指导。它如同一棵参天大树的根系，深深扎根于中华武术的土壤之中，滋养着每一片叶子，让内家拳这棵武学之树得以枝繁叶茂，历久弥新。

更为难能可贵的是，《易筋经》不局限于武术领域，它还是一部融合了中医经络学说、道家养生哲学及儒家中庸之道的跨学科巨著。修炼易筋经，不仅可以增强身体机能，提高防御能力，还能调节呼吸、平和心态，达到身心和谐统一的境界。这种全方位的修炼理念，使得易筋经超越了单一武术门类的局限，成为中国传统文化中一颗璀璨夺目的明珠。

因此，欲探内家拳之真谛，不可不深入研习易筋经；欲领略中华武术之精髓，亦不可忽视这一武学瑰宝的价值。

无论你最初是出于强健体魄的渴望，还是为了寻求心灵的宁静，开始了你的内家拳修炼之旅；抑或你只是带着好奇的心态，想要一窥内家拳的奥秘，没有实际练习的打算——这些都不重要。重要的是，当你翻开这本书，读到这一章节，迈入了内家拳的初级阶段，你就已经踏上了一条通往深邃武学世界的不归路。此时此刻，无论你对内家拳抱有何种主观看法，是热爱、怀疑还是冷漠，你都必须做好心理准备，逐步深入到这个充满独特思想、认识和概念的大语言环境中去——哪怕这个过程可能会让你感到不适，甚至产生抵触情绪。

因为，随着你对内家拳世界的探索愈发深入，你会发现自己越来越需要掌握并运用其特有的语言体系和思维方式。这种语言不仅仅是口头上的交流工具，更是一种理解世界、感知自我的方式。在易筋经这一基础而又至关重要的阶段，可以说你已经正式踏入了内家拳的核心领域。这里没有捷径可走，只有通过不断学习与实践，才能真正领悟其中蕴含的智慧。

"道、武、医"三门学问犹如璀璨星辰，各自闪耀着独特的光芒，它们共同聚焦于对人体与生命的深刻探索，以不同的路径诠释着人类对自身奥秘的理解与追求。这三者之中，武术，尤其是内家拳，以其对身体锻炼和使用的极致追求而独树一帜，成为连接古老智慧与现代生活的重要桥梁。

武术，不仅仅是一种格斗技巧的展现，它更是一套系统的生命科学实践体系。不同于道家侧重于精神层面的修炼与对宇宙自然法则的领悟，也异于中医通过草药、针灸等外部手段调节人体机能，武术则直接作用于人的"有形之身"，即肉体本身。它通过一系列精心设计的动作、呼吸法及意念引导，激发人体的潜能，增强体魄，达到内外兼修、身心合一的境界。这种对肉体的深度挖掘与利用，使得武术成为了最贴近日常生活、最易于被大众接受并实践的传统文化形式之一。

传统武术"博大精深"，其内涵远不止精妙绝伦的攻防技巧，还有其背后蕴含的对人体结构的深刻理解和改造能力。每一招每一式，都蕴含着对人体力学、生理学乃至心理学的精妙运用，是古人智慧的结晶。通过对肌肉、骨骼、关节的精细操控，武术不仅能够提升个体的力量、速度、灵活性，还能促进血液循环，增强免疫力，甚至在一定程度上实现对慢性疾病的预防与治疗，真正实现了从"术"到"道"的升华。

内家拳作为武术体系中的一朵奇葩，更是将这一理念发挥到了极致。它强调"以柔克刚""后发先至"，注重内在气息的调养与外在动作的和谐统一，追求的是身体与心灵的同步成长。在内家拳的世界里，每一个细微的动作变化，都是对身体潜能的一次新的探索；每一次呼吸的调整，都是对生命能量的一次重新分配。这种对身体的极致关注与细致入微的调教，使得内家拳不仅是一种防身自卫的技能，而且是一种养生保健的艺术，一种追求身心平衡、天人合一的生活哲学。

内家先贤王芗斋先生曾言："不学拳，是不要性命的傻子。"这句话深刻揭示了武术在个人健康与生命安全中的重要作用。这句话不仅体现了对传统武术的推崇，而且是对人们忽视身体锻炼、缺乏自我保护意识的一种警示。

《易筋经》作为中国传统武术中的经典之作，其最大意义在于它是古代武术家们对人体锻炼和潜能开发的研究成果。这部经典之作不仅包含了丰富的理论知识，还结合了实践操作，为后人提供了一套完整的修炼体系。练习易筋经，可以增强体质、提高免疫力、延缓衰老，甚至达到延年益寿的效果。

然而，对于大多数人来说，对易筋经的了解主要来源于武侠小说和影视作品。在这些作品中，《易筋经》被描绘成神秘莫测、威力无穷的武学秘籍，拥有者可以轻易击败敌人，成为武林高手。然而，《易筋经》并非虚构之物，而是真实存在于现实世界中的一本武术经典。它在现实世界的地位确实如同武侠作品中所描述的那样，属于至尊绝学的范畴。在传统武术学术体系中，易筋经稳居统治地位，无论是内家还是外家，各门派的功法中都能看到易筋经的影子。甚至有很多门派本身就有完整的易筋经功法传承。

易筋经能够在众多武术流派中脱颖而出，成为至尊绝学，与其独特的修炼方法和深厚的理论基础密不可分。它强调内外兼修，注重气血运行和经络畅通。通过一系列的动作和呼吸配合，达到锻炼身体、调整心态的目的。此外，易筋经还融合了中医理论，将人体视为一个整体，通过调节五脏六腑的功能来达到养生保健的效果。这种综合性的修炼方法使得易筋经在传统武术中独树一帜，受到无数武术爱好者的追捧。

易筋经对人体的认识深刻，其具体锻炼功法设计合理、有效并且系统。它不是一套简单的动作组合，而是一种哲学思想的体现。易筋经认为，人体是一个整体，各个部位之间相互联系、相互影响。因此，要想达到强身健体的目的，就必须从整体出发，注重内外兼修。这种理念与中国古代道家的阴阳五行学说相契合，强调了人与自然界的和谐共生。正是这种深刻的认识，使得易筋经在众多武术流派中脱颖而出，成为一种具有普遍适用性的功法。

　　易筋经的具体锻炼方法同样令人叹为观止。它采用了一系列的拉伸、扭转、拍打等动作，旨在通过外力的刺激来激活人体的潜能。这些动作看似简单，但实际上却蕴含着深厚的内功心法。每一个动作都需要你全身心地投入其中，用心去感受身体的变化。只有这样，才能真正体会到易筋经所带来的神奇效果。随着时间的推移，你的身体素质会逐渐得到改善，力量、速度、耐力等方面都会有所提高。更重要的是，你还会发现自己的心态也变得更加平和了。

　　除了对人体的认识和具体的锻炼方法，易筋经还具有很高的文化价值。它是中国传统文化的重要组成部分之一，承载着丰富的历史信息和文化内涵。通过学习和研究易筋经，我们可以更好地了解古代人们的生活习俗、思想观念以及社会风貌。同时，易筋经也是一种精神财富，它教会我们要用坚定的信念和毅力去追求自己的目标，要珍惜生命中的每一刻，要用乐观向上的心态面对生活中的困难和挑战。这些都是我们在现代社会中仍然需要学习的。

中篇

易筋经对筋骨的认识

从《易筋经》开始，中国武术的锻炼真正把握住了主干，不再在旁枝末节中摸索。初步解决了锻炼时该练哪里、怎么练才有效果的问题。有理论，有认识，有方法。《易筋经》作为一部古老的武学经典，其核心理念在于通过特定的训练方法和技巧来强化人体内部的筋骨系统。这一理念不仅为后来的武术发展奠定了坚实的基础，也为现代人提供了一种健康的生活方式。

首先，《易筋经》把训练目标放在了"筋"上，这表现出了武术理论对人体的认知没有停留在浅表，而是已很全面和深刻，已经敏锐地发现了"筋"对人体的影响及其重要性。在这里，"筋"并不仅仅是指肌肉或肌腱这样的简单结构，而是一个更为复杂的概念，它包括了经筋、筋膜等多个层面。这些组织共同构成了人体的支撑系统，负责使身体稳定和灵活。因此，《易筋经》强调通过锻炼来增强这些部位的功能，从而达到强身健体的目的。

其次，人相当于一台由筋骨、脏腑、神意等五大系统组成的精密机器。其中筋（经筋、筋膜）很重要，从物质层面上来说，它们包裹着骨骼和脏腑，从能量层面来说，它们维系着经络体系，是人体能量的往来通道。这意味着，只有当这些系统协调运作时，人体才能达到最佳状态。而《易筋经》正是基于这样的理解，提出了一套完整的训练体系，旨在全面提升人体的机能。

具体来说，《易筋经》的训练方法主要包括以下几个方面。

呼吸控制：通过深呼吸和缓慢呼气的方式，使肺部充分扩张，增加氧气供应量，提高血液循环速度，促进新陈代谢。

姿势调整：《易筋经》中的每个动作都要求保持正确的姿势，以确保各个部位的肌肉得到均衡发展，避免因错误的姿势导致的伤害。

意念引导：在进行练习时，需要将注意力集中在身体的特定部位，如手指、脚趾等，以增强对这些区域的感知力，进而增加其灵活性和力量。

内外兼修：除了外在的身体锻炼，《易筋经》还注重内在的精神修养，提倡通过冥想等方式来净化心灵，达到身心合一的境界。

在现代解剖学的视角下，筋被理解为肌腱、肌膜及其他结缔组织的综合体，是肌肉的附属物。然而，在内家拳的理论体系中，筋则被视为一种独立的器官，以经筋和筋膜的形态存在，其中肌纤维反而成为了其从属部分。这两种截然不同的认识，导致了训练体系和方法上的巨大差异。无论是易筋经还是内家拳，最常用到的概念便是经筋。

如果非得用现代医学的定义来解释狭义上的经筋，我们可以将其视为由肌腱、肌膜（及其包裹的肌纤维束）、骨膜以及骨外的各种软组织和血管组成的串联体。它的结构不仅复杂而且精细，它像一条条长条形、链状的纽带，贯穿人体之中，仿佛一挂挂晾晒在骨架上的香肠。长长的肠衣中，分段包裹着若干肌肉束，这些肌肉束通过筋膜相互连接，形成了一个紧密而有序的网络系统。

从形态上看，经筋不是简单的物理连接，而是生命活动的重要载体。它们不仅负责传递力量，还参与调节身体的姿势与平衡。人们进行内家拳练习时，实际上是在通过特定的动作来激活这些经筋，使它们变得更加柔韧有力。这一过程不仅增强了肌肉的力量，更重要的是提高了身体整体的协调性和灵活性。

内家拳中的许多技巧都是建立在对经筋深刻理解的基础上的。例如，太极拳强调以柔克刚，其实质就是利用"经筋"的弹性来化解对方的力量；八卦掌则注重步法灵活多变，这同样离不开强健且富有弹性的经筋。可以说，没有对经筋深入的理解与掌握，就不可能真正领悟到内家拳的精髓。

由此可见，经筋并非传统解剖学中单一、具体的肌肉或肌腱，而是一种更为抽象、功能性的身体结构。经筋，这一概念蕴含着古老东方智慧对生命奥秘的独特理解，它如同一幅细腻的织锦，将人体各部分紧密相连，共同编织出具有活力与和谐的生命。

想象一下，如果将人体比作一座精密运作的城市，那么经筋便是这座城市中错综复杂的道路网络。它们不仅连接着骨骼这座坚固的高楼大厦，还贯穿于肌肉、皮肤乃至内脏之间，形成了一个庞大而精细的支撑系统。正如城市的道路不仅是交通命脉，更是文化、经济交流的血脉，经筋也在无声无息中维系着人体的动态平衡与健康。

经筋的正常运作，是日常活动流畅进行的保障。每一次呼吸、每一步行走、每一个细微的动作，都是无数条"道路"协同工作的结果。它们确保了动作的灵活性与力量的有效传递，使得人类能够完成从简单的抬手投足到复杂的武术招式等各式各样的动作。正如一条条畅通无阻的道路能让城市的脉搏跳动得更加有力，健康的经筋也是人体活力四射的关键所在。

不仅如此，经筋的状态还直接关系到个体的力量大小与身体强壮程度。强健的经筋如同城市的主干道，能够承载更大的负荷，支持更高强度的活动，展现出非凡的力量与耐力。反之，若经筋受损或功能减弱，就如同道路出现拥堵或损坏，不仅影响日常出行效率，严重时甚至会导致整个系统瘫痪。因此，在内家拳的修炼过程中，经筋的锻炼与养护被视为提升武艺不可或缺的一环。

从保养健身的角度来看，我们普通人在日常生活中所遇到的大部分小病小灾，尤其是那些被冠以"亚健康""现代都市生活病"或"白领病"等标签的不适症状，其实在很大程度上都可以归因于经筋系统失衡。通过科学合理的锻炼和调理"经筋"，许多这样的健康问题都能够得到有效缓解甚至完全解决。

在中医理论中，"经"指的是人体内运行气血、联系脏腑器官的重要通道，即我们常说的经络；而"筋"，则是指肌肉纤维及其附着点之间的连接组织。这两者结合在一起，便形成了所谓的"经筋"。它不仅负责维持身体各部位之间的结构稳定性，还承担着促进血液循环、调节神经系统功能等重要作用。因此，可以说，强健的经筋是保持身体健康的关键之一。

进一步讲，十二条主要经络与相对应的十二条经筋共同构成了一个复杂而精细的网络系统，覆盖了人体从头到脚的每一个地方。这个网络不仅支撑着整个身体的框架结构，更重要的是，它还扮演着传输能量（即传统意义上的"气血"）的角色。当我们谈论提高免疫力、增强体力或者改善精神状态时，实际上都是在强调如何更好地利用这一自然赋予我们的生理机制来达到目的。

值得注意的是，随着年龄的增长以及受不良生活习惯的影响，人们往往会越来越容易感到疲劳，腰酸背痛等症状频发。这些现象背后往往隐藏着一个共同的原因：那就是长期缺乏针对性训练导致经筋逐渐变得僵硬无力。一旦这种情况发生，就会直接影响到经络完成其使命，进而影响到全身各个系统的正常运作。

经筋与经络如同两条并行不悖却又相辅相成的道路，一实一虚，共同维护着生命的和谐与平衡。当这两套系统运转正常乃至高效时，便能极大地促进身体健康，提升生活质量。

其中，"经筋"作为物质层面的存在，相较于抽象难懂的"经络"，更易于被普通人理解和掌握。因此，在日常生活中进行身心调理时，即使对于深奥复杂的经络理论不甚了解，或是对微妙细腻的气感变化不够敏感，也不必过于担忧。通过一系列精心设计的动作来锻炼十二经筋，便能够间接影响到与之相关联的十二条主要经络，从而达到全面增强体质的效果。这种由外而内的修炼方式，不仅简单易行，而且效果显著，适合各个年龄段的人群。

值得注意的是，"筋"的意义远不止于此。它是连接肌肉、骨骼的重要桥梁，也是保持关节灵活的关键因素之一。一旦得到适当的开发和利用，其潜在功能将得到极大发挥，为个人带来意想不到的健身收益。从传统武术的角度来看，强健有力的筋骨是习武者追求的基本目标之一；而内家功夫则更是强调"以柔克刚""内外兼修"之道。无论何种流派或风格，都将强化筋骨视为不可或缺的基础训练环节。

正因如此，《易筋经》这部流传千古的经典之作才会以"易"字命名——意指通过改变（即改善）人体内部结构特别是加强筋脉力量来实现自我超越。它不仅仅是一本关于如何强身健体的指南手册，更蕴含了深厚的哲学思想和文化内涵，值得每一位热爱生活、渴望成长的朋友深入探索学习。总之，无论是出于健康考量还是受兴趣爱好驱使，投身于这项古老而又充满活力的实践活动当中，都将为你开启一段充满惊喜与挑战的人生旅程。

从易筋经走向内功

当我们深入探讨易筋经对内家拳修炼的深远影响时，不得不提及一个至关重要且不可忽视的方面——它对内功理解与实践的巨大促进作用。

从广义上讲，几乎所有的内家拳功法都可以被归类为内功，它们共同构成了一套复杂而精妙的身体锻炼体系。但若从更精确的角度出发，内功则是指那些针对日常生活中鲜少使用到、位于人体深处部位的特殊训练方法。这些部位往往隐藏着巨大的潜能，通过特定的刺激与锻炼，能够被唤醒并加以利用，从而达到提升身体素质的目的。简而言之，内功不仅是一种身体锻炼身体的方式，更是对人体潜能的深度挖掘与高效利用。

易筋经能够帮助我们快速掌握并深入理解内功精髓。它不是一套简单的动作套路，其中蕴含着丰富的哲学思想与科学原理。通过对易筋经的学习与实践，我们可以逐渐领悟到如何正确地调动体内的气息流动，如何有效地激活那些平时不被注意但却极其重要的肌肉群；同时，也能学会如何控制自己的呼吸节奏，使之与动作完美配合，进而达到"内外兼修"的理想状态。

身体的锻炼方法，绝非仅仅局限于强化某一部分肌肉或提升某一方面的体能。它更深层次的意义在于深度发掘与开发身体功能，这是一种对自我潜能的极致探索与挑战。

这种锻炼的本质，是使人更好地运用和调动自己平时难以控制的身体部位。从我们日常所熟知的筋骨皮，到那些更为抽象、难以言喻的精气神，每一个层面都蕴含着巨大的能量与潜力。通过特定的锻炼方式，我们可以逐渐解锁这些隐藏的力量，使自己的身体达到前所未有的状态。

内功并非简单的体力训练或肌肉塑造，而是一种更为高级、更为精细的身体调控艺术。它要求我们深入探索身体的每一个角落，了解并掌握其运行规律，从而在需要时能够自如地调动和运用这些力量。

内功的修炼，不仅仅是对身体的锻炼，更是对心灵的磨砺。它要求我们在修炼过程中保持高度的专注，将心灵的力量与身体的能量融为一体，形成一种强大的内在驱动力。这种驱动力不仅可以帮助我们突破身体的极限，更可以让我们在生活中更加从容不迫、游刃有余。

当然，内功的修炼并非一蹴而就，它需要长时间的积累与沉淀，需要不断地尝试与调整，这样才能逐渐找到最适合自己的修炼方式。但正是这种不懈的努力与追求，才使得内功成为一种令人向往的高超技艺。

易筋经自古以来便被视为武学中的至宝。它是简单的身体锻炼方式，而是深入骨髓、触及灵魂的修行之道。在众多内功修炼法中，易筋经独树一帜，其精髓在于对筋骨的极致锤炼与开发，这一点从内家拳的实践应用中可见一斑。

首先，在内家拳的世界里，那些令人叹为观止的技巧，如"搭手飞人"等，无不以强健的筋骨作为支撑。这些看似神奇的技艺，实则是深厚内功与强大筋骨力量完美结合的产物。筋骨，作为人体运动的基础框架，其强度和灵活性直接影响到内功的发挥效果。因此，对筋骨的锻炼与开发，成为内功里的首要任务，也是他们不断追求的目标。

进一步而言，所有内功的修炼目标与手段，都可以归结为全面锻炼筋骨、膜、脏腑、气血、呼吸等。在这些要素中，筋骨的地位尤为突出。这不仅仅是因为筋骨相对容易通过锻炼得到增强和刺激，更是因为它与经络系统紧密相连。在中医理论中，十二经筋与十二经络相互对应，构成了一个复杂而精密的能量输送网络。通过对筋骨的锻炼，可以有效地强化经络的功能，进而促进内膜、脏腑和气血健康循环。这种由外及内、由表及里的修炼方式，使得筋骨的锻炼成为了内功修炼中不可或缺的一环。

此外，筋骨的锻炼还具有深远的意义。它不仅能够提升个体的身体素质和抵抗力，还能够在精神层面带来积极的影响。当一个人的身体得到充分的锻炼时，他的心灵也会变得更加坚韧不拔。这种身心合一的状态，正是内功修炼所追求的最高境界。

其中，"筋骨""经络"以及"气血"，这三个关键词构成了整个理论框架的核心。

首先来说说"筋骨"。正如树木需要坚固的枝干才能茁壮成长一样，人体也需要强健有力的肌肉骨骼系统作为支撑，以完成日常生活中的各种活动。因此，易筋经将注意力集中在如何有效地锻炼和发展这些基础组织上，旨在使它们变得更加坚韧耐用。这不仅意味着增加肌肉量或者提高关节灵活性；更重要的是，通过对每一处细微部位的精准控制，让整个身体成为一个协调统一的整体，能够应对各种挑战而不易受伤。

接着是关于"经络"的概念。如果说筋骨是构成我们这座宏伟大厦的砖石，那么经络就是贯穿其间、连接各个部分的生命线。按照传统医学的观点，人体内存在着无数条看不见摸不着但却真实存在的通道，这些通道负责运输营养物质和能量（也就是所谓的"气血"）到全身各处。只有当这些路径畅通无阻时，人们才能感受到充沛的活力与处于健康状态。相反地，一旦某条经络出现堵塞，则可能导致相应区域功能下降甚至发生病变。因此，保持经络通畅对于维持良好的身体状况至关重要。

最后要提到的则是"气血"。这是中华文化里一个非常重要但又略显抽象的概念，可以理解为维持生命活动所必需的基本物质基础。简单来说，"气"代表着生命力本身，而"血"则指携带氧气及其他重要成分的液体。两者相辅相成，共同作用于人体各个层面。特别是在进行高强度运动或是长时间工作之后，及时补充足够的气血显得尤为关键。因为此时如果不给予适当休息恢复的话，很容易造成过度疲劳乃至损伤。

易筋经功法的总体指导思想，一言以蔽之，就是通过气血滋养筋骨使其强壮。然而，如何实现这一目标，让筋骨得到充分的滋养呢？答案在于前人摸索出来的一些特定动作，这些动作不仅能舒展筋骨、疏通经络，还能配合呼吸调动气血沿经络运行，沿途滋养全身各处筋骨，从而实现强筋壮骨、强化全身的目的。

在练习易筋经时，首先要明确自己的训练目标：筋骨。这意味着你需要注意每一个动作的正确性，特别是姿势到位——舒展筋骨，疏通经络。只有这样才能确保每个动作都能达到预期的效果，使筋骨得到充分的锻炼和滋养。

其次要学会和利用呼吸。呼吸不仅是为了维持生命的基本功能，更是调节气血的关键。通过正确的呼吸方式，你可以更好地调动体内的气血沿着经络运行，为筋骨提供充足的营养。这种内外兼修的方法不仅能够让你的身体更加健康，还能改善你的精神状态和提高生活质量。

最后要持之以恒。任何一门技艺都需要付出时间和努力才能掌握，易筋经也不例外。只有坚持不懈地练习，才能真正体会到它所带来的好处。同时，也要注意适度休息和恢复，避免过度劳累导致身体受损。

易筋经先行功法

练习内家拳，绝非一朝一夕之功，更不是简单的"嗑仙丹"式修炼。它需要的是持之以恒的努力与正确的方法相结合。很多人抱着一种不切实际的心理预期去接触这项技艺，认为只要掌握了所谓的"内家神功"，每天花上三五分钟比划几下，就能立刻成为一代宗师。然而事实远非如此简单。

首先，我们要明确一点：内家功夫并非仙丹妙药，不可能让你在短时间内就拥有超凡脱俗的能力。真正的内家功夫是一种通过长期训练而逐渐积累起来的内在力量，这种力量不仅体现为身体上的强壮，更体现为心灵上的平和与坚韧不拔的精神品质。因此，想要真正掌握并运用好内家功夫，就必须做好打持久战的准备，并且要有耐心，有毅力。

其次，在开始学习之前，还应该对所选流派有一个全面而深入的了解。不同的内家拳有着不同的特点和要求，比如太极拳强调以柔克刚、形意拳注重心意合一等。只有当你充分理解了这些理念之后，才能更好地将其融入到日常的练习当中去。此外，选择合适的老师也至关重要。一位经验丰富且愿意倾囊相授的好师傅能够为你指明方向，避免走弯路；反之，则可能让你陷入误区而不自知。

再次，实践过程中还需注意遵循科学合理的原则。例如，初学者应从基础动作做起，循序渐进地增加难度；同时要注意呼吸配合，保持身心放松的状态；另外还要根据自身情况调整训练强度，避免过度劳累导致受伤。只有这样，才能确保每一次练习都能有所收获，逐步提升自己的水平。

最后但同样重要的是，培养良好的生活习惯。健康的饮食、充足的睡眠以及适当的休息都是维持良好体能状态的基础。此外，平时多参加户外活动，在增强体质的同时也能开阔视野，有助于提高个人综合素质。总之，要想成为一名优秀的内家拳高手，不仅依赖于技术层面的精进，更需要全方位地发展自我。

易筋经的修炼，绝非简单获取一套招式便能即刻上手比划。它犹如一部精密无比的仪器，每一步骤、每一环节，皆需严格按照说明书来细致操作，不容丝毫马虎。在修炼之前，首要之务是深入理解功法的内在逻辑与结构，明确先修何法，后练何技，每一步的进展都建立在前一步稳固的基础之上，环环相扣，因果相连。这不仅是对身体的锻炼，更是对智慧与悟性的考验。

修炼任何一套系统的功法，都如同探索一片未知的领域，需要耐心与细心并重。从基础的呼吸吐纳，到经络的疏通，再到气血的调和，每一步都蕴含着深厚的道理与精妙的法则。这些看似简单的动作背后，实则是对自然规律、人体奥秘的深刻洞察与运用。因此，你在习练之前，务必要将这些原理烂熟于心，如此方能在实践中游刃有余，避免盲目跟风，落入误区。

令人遗憾的是，当今社会，快节奏的生活让人们逐渐忽视了思考的重要性，即便是在修炼领域也不例外。许多人错误地将练功视为一种纯粹的体力活动，认为只要挥汗如雨、肌肉酸痛便是达到了目的。殊不知，真正的内家修炼，是身心合一的艺术，是精神与肉体的双重磨砺。它要求你在每一个动作中融入意念，以意领气，以气驭形，从而达到内外兼修、形神俱妙的境界。

因此，渴望踏入内家修炼门槛的朋友，切不可急于求成，更不能忽视思考的力量。每一次练习，都应是一次心灵的洗礼，一次智慧的启迪。在汗水与努力的背后，更要有对功法本质的深刻理解与领悟。只有这样，才能真正领略到易筋经等古老功法的魅力所在，让修炼之路成为一场充满挑战与收获的旅程。

掌握一系列细致入微的前提条件，方能逐步揭开易筋经的神秘面纱。无论是增演易筋经还是十二式易筋经，其练习前的准备工作都是至关重要的，它们如同精心铺设的道路，引领着你稳步前行。

在踏上这条修行之旅之前，首要之务便是掌握正确的基本站姿。这一站姿，要求两脚开立与肩同宽，仿佛树根深深扎入大地，稳固而不失灵动。此姿势之所以被强调，是因为它蕴含了深刻的生理学原理：它不仅能够分散身体重量，减轻下肢负担，还能促进气血流通，使全身上下达到一种和谐统一的状态。在这样的状态下，身体得以最大程度地放松，为后续的功法动作奠定了坚实的基础。

练功前的静心松身，则是另一不可或缺的准备环节。在这个快节奏的时代，人们往往被外界的纷扰所牵绊，心灵难以平静。然而，易筋经的修炼却要求我们暂时抛开一切杂念，让心灵回归宁静。静心，就像是在喧嚣中寻找一片净土，让思绪缓缓流淌，最终汇聚成一股清澈的溪流。而松身，则是让紧绷的肌肉得到释放，使身体的每一个细胞都沉浸在轻松愉悦的氛围之中。当身心俱静之时，一种奇妙的感觉便会悄然降临，那便是气感。

气感，这一听起来颇为玄妙的概念，实则是每个人体内都蕴藏的潜能。它通常表现为腰腹一圈、丹田部位或是两肾区域的温热感，有时也会在胃部有所体现。这种感觉，就像是冬日里的一缕暖阳，温暖而不刺眼，让人心生欢喜。出现气感，标志着身体已经做好了接受更高层次修炼的准备。它是身心合一的最佳证明，也是易筋经修炼中最为宝贵的体验之一。

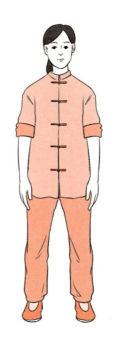

中篇

为了帮助身心安定，可以先练习"丹田呼吸法功法"。这一方法不仅能够帮助你调节呼吸，还能让你的心境更加平和。通过深长的呼吸，你可以将注意力集中在丹田部位，从而使得全身的气血运行更加顺畅。这种呼吸方式有助于你在繁忙的生活中找到一片宁静之地，让心灵得到片刻的休息与放松。

在练习易筋经的过程中，以"松""静"之法运劲是至关重要的。这里的"松"指的是身体各个部位放松，而"静"则是指内心平静无波。尽管表面上看起来似乎是完全放松的状态，但实际上内在却蕴含着强大的能量。这种状态下的用力方式既自然又高效，能够有效地避免过度用力导致的身体损伤。初学者可能会感到自己的力量感较弱，但随着练习时间的增长和技巧的提升，你会发现即使保持轻松的状态也能产生出惊人的力量。这正是所谓的"松静生劲"，即通过放松达到增强力量的目的。

易筋经作为一种动功，其主要目的在于舒展、伸拔及调理人体筋骨。因此，在实践过程中不可避免地会遇到如何正确使用力度的问题。很多人认为只有用力才能达到锻炼的效果，但事实上，过于激烈的动作反而容易造成肌肉紧张甚至拉伤。正确的做法应该是根据自身情况调整力度大小，确保每个动作都能舒适地完成。同时，在整个过程中始终保持心态平和也是非常重要的一点——不要让外界影响到你的专注力。

随着对易筋经理解的加深及持续不断的练习，你会逐渐体会到其中蕴含的深刻哲理：真正的强者并非依靠蛮力取胜，而是懂得如何巧妙地运用自身潜能。当你能够做到心无旁骛地投入到每一次呼吸、每一个姿势当中时，就会发现原本看似简单的动作背后隐藏着无穷的力量。这不仅是身体上的锻炼，更是精神上的修行，它教会了人们如何在快节奏的社会生活中寻找到属于自己的平衡点，并且通过不断努力让自己变得更强大。

在进行任何定式练习之前，都要调整好自己的心态。这意味着你需要让自己处于放松而平静的状态中，将所有的注意力集中在呼吸之上。通过这种方式，可以帮助你更好地控制身体内部的能量流动，从而达到最佳的身体状态。具体来说，在执行每一个动作时，都要确保数满了四十九次完整的呼吸周期——即一呼一吸算作一次，直到完成四十九次为止。在这个过程中，每一次吸气与呼气都应该尽可能地深长且均匀，以此来促进气血循环，增强体内正气。

此外，还有一点非常重要，那就是在整个修炼过程中始终保持一种"收摄心神"的状态。所谓"收摄"，就是指将分散在外的精神力量重新聚集起来，使之回归于自我之中。这不仅要求在物理层面上避免使用过多的力量或做出过于激烈的动作，同时也强调了心理层面的调节：不要试图通过发散或者消耗的方式来达到目的，而是要懂得如何巧妙地运用自身所拥有的资源。只有当精、气、神三者能够和谐统一地工作，并且全部都被妥善地保存于体内时，才算是真正做到了"内练一口气"。

对于初学者而言，可能很难立刻理解上述概念中的一些抽象部分，比如什么是真正的"精气神"以及怎样才能做到将其完全收回体内等。但请记住，这些都会随着时间推移和个人修为增长而逐渐领悟。刚开始的时候，只需要专注于掌握正确的姿势和呼吸技巧。随着练习次数的增加，你会慢慢感受到身体的变化，并从中体会到更多深层次的意义。

在修炼易筋经的过程中，你首先需要摒弃一些固有的观念。这些观念可能会成为你前进道路上的绊脚石，阻碍你达到更高的境界。因此，你需要从内心深处进行自我革新，以全新的心态来面对这一挑战。

首先，你不能有丝毫"我这是在费力气，吃苦受累练功"的思想。这种思想会让你产生抵触情绪，觉得修炼是一种负担，而不是一种享受。要明白，修炼易筋经并不是为了追求痛苦和劳累，而是为了提升自己的身心素质，让自己更加健康、快乐。因此，你应该以一种轻松愉快的心态来对待修炼，将其视为一种休息和放松的方式。

其次，你不能有丝毫"我需要用力去做某一动作或姿势"的想法。这种想法会导致你在修炼过程中过分强调力量的使用，而忽略了身体与心灵的和谐统一。实际上，易筋经强调的是内外兼修，既要增强身体的力量和柔韧性，又要培养内心的平静和专注。因此，在修炼过程中，你应该注重身心的协调配合，让每一个动作都自然流畅地展现出来。

再次，你要认识到练功如同休息，是在享受。这意味着你在修炼易筋经时，应该保持平和的心态，不要给自己施加过大的压力。你可以将修炼看作是一种休闲娱乐活动，让自己在其中找到乐趣和满足感。同时，你还要学会调整呼吸节奏，使呼吸变得深长而均匀，从而帮助自己更好地放松身心。

此外，你还要明白练功如同吃饭，从每个姿势、每个动作里都能获得"能量"。这里的"能量"可以理解为一种内在的力量或者好处。当你用心去体会每一个动作时，就会发现其中蕴含着无穷的智慧和奥秘。这些智慧和奥秘可以帮助你改善身体状况、提高生活质量。因此，在修炼过程中，你要时刻保持敏锐的观察力和感悟能力，以便从中获得更多的收获。

最后，气要顺，身要"懒"，如同伸懒腰。特别提出来作为大家的一个衡量参考。就是做任何一个动作时，呼吸都特别顺畅、舒服，没有憋气努力的感觉。身体上不是肌肉用力的感觉，做每个动作的感受都跟伸懒腰是一样的。只有这样才是真正掌握了易筋经的精髓。

捧气贯顶法

在行功之前，必须首先行捧气贯顶法。这一过程不仅有助于清除身心的污浊，还能补充清气，实现吐故纳新的效果。同时，对于净心涤虑、放松身体也是至关重要的步骤。

以基本站姿站立，双手合十，高举过头。然后，双掌分开，变为双掌中指指尖相对，掌心向下，缓缓下按。这一动作旨在引导清气从头顶进入体内，并逐渐向下流动。需要注意的是，全身都要一起进气，而不是仅从头顶进气。想象着清气在体内上下洗涤三遍，将身体中的不良物质转化为黑色的物质，并通过脚趾端的气端穴排出体外。如此反复进行三次即可完成整个过程。

在这个过程中，你可以感受到清气在体内的流动和变化。它像一股温暖的泉水，滋润着你的身体，让你感到舒适和宁静。同时，你也可以感受到黑色物质被洗出，仿佛身体中的杂质正在被清除，让自己感到轻松和愉悦。

中篇

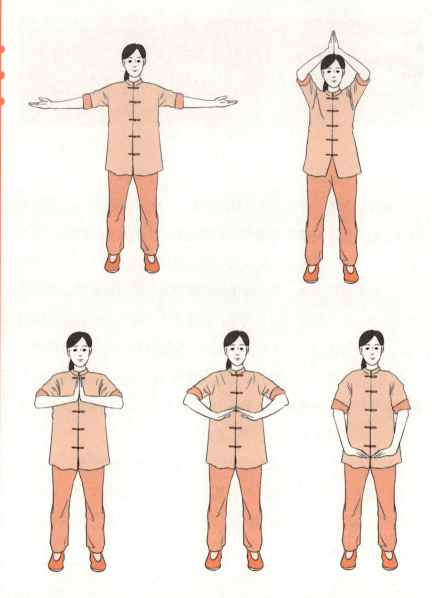

　　这种练习不仅可以帮助你清除身心的污浊，还可以增强气场和能量。当你的身体充满了清气时，你的气场也会变得更加强大和稳定。这样，你就可以更好地应对生活中的挑战和困难，保持积极向上的心态。

此外，这种练习还可以帮助你提高专注力和冥想能力。在行捧气贯顶法的过程中，你需要集中注意力，专注于呼吸和身体的感知。这样可以帮助你培养内心的平静和专注，提高思考能力和创造力。

此功法，其初启之效，犹如晨曦初照，旨在于练功之前，引领你步入一片宁谧之地，让心灵得以沉静，杂念尽数涤除。这不仅是一场身心的净化之旅，更是为后续行功铺设坚实基石的关键步骤，恰似枯木逢春前的深根蓄力，又如易筋经那浩瀚武学海洋中不可或缺的引航灯塔，引领着每一位求道者稳步前行于强身健体的征途之上。

在这份宁静之中，你仿佛置身于远离尘嚣的桃花源，外界纷扰皆被温柔地隔绝在外。呼吸之间，空气似乎也变得格外清新，每一次吸气都满载着自然的馈赠，呼气则将体内的浊气与疲惫一同排出，如此循环往复，不仅净化了身体，更使心灵得到了前所未有的升华。这不是简单的放松，而是深层次的自我对话与和解，让长期紧绷的精神之弦得以缓缓松弛，恢复其应有的弹性与活力。

随着时间的推移，当这份静谧成为日常，你便会逐渐感受到一种由内而外的变化。这种变化，起初细微得几乎难以察觉，就如同春日里第一抹嫩绿悄然爬上枝头，但正是这些看似不起眼的积累，最终汇聚成江海，带来翻天覆地的蜕变。身体变得更加轻盈灵活，精神愈发集中且敏锐，仿佛整个人都被重新塑造，拥有了更加坚韧不拔的意志和旺盛不竭的生命力。

至于更深远的影响，则是言语难以尽述的奥秘。那些久练此功之人，往往能在日常举止间流露出一种超凡脱俗的气质，他们的眼神深邃而明亮，仿佛能洞察世间万物的本质。这份来自内心深处的平静与力量，使他们在面对生活中的风风雨雨时，总能保持一份难能可贵的从容与淡定，展现出与众不同的风范与魅力。

易筋经体验功法

传统的东西绝非简单的动作或技能的堆砌。它们如同深邃的海洋，外在可见的部分只是冰山一角，真正的精髓往往隐藏在无形之中，甚至是只可意会不可言传的境界里。以诗、琴、书、画为例，这些艺术形式不仅关乎技艺，更关乎心灵与情感。老师可以传授格律、指法、运笔等有形的技术，但画出的是潘岳还是李逵，则完全取决于个人对内在韵味的理解与体悟。

学习传统艺术的过程，实际上是深入探索自我内心世界的过程。它要求我们不仅要掌握表面的形式美，还要透过现象看到本质，理解其中蕴含的文化精神与哲学思想。这种能力不是一朝一夕就能培养出来的，它需要长时间的积累和不断的实践。在这个过程中，我们会遇到各种各样的挑战和困难，但只要坚持下去，最终都会有所收获。

然而，在当今社会，随着商业化浪潮的冲击，很多人开始将传统文化视为一种"名牌"来收藏。他们追求的是表面的光鲜亮丽，而不是内在的深厚底蕴。这样不仅无法真正领略到传统文化的魅力，反而会让这些宝贵的文化遗产失去原有的生命力。因此，我们在学习传统文化时，必须警醒自己不要成为这样的"名牌"功法收藏家。

　　我们需认识到，《易筋经》并非简单的肢体运动汇编，而是一部蕴含深厚哲学思想与生理学原理的武学经典。它强调的是内外兼修，通过特定的姿势、呼吸法以及意念引导，达到调和气血、强健筋骨、净化心灵的多重目的。这一过程，被形象地描述为"易筋洗髓"，即对肉体与精神的双重洗礼与重塑。

　　在有众多版本的《易筋经》流传于世的今天，若缺乏对其核心要义的深刻理解，盲目跟随网络图片或视频进行模仿，无异于舍本逐末，难以触及其精髓。知其然，亦需知其所以然。只有当我们明白了每个动作背后的心法意图，每一次呼吸调整的意义，乃至每一处意念集中的奥秘，才能真正将《易筋经》的修炼融入日常生活，使之成为促进身心健康的有效途径。

　　心法，作为《易筋经》的灵魂，决定了练习的效果与境界。它不仅是对身体的控制，更是对心灵的修炼，要求习练者在动静之间找到平衡，于细微处体察变化，从而激发人体潜能，实现自我超越。这种内在的转变，远比外在形式上的模仿来得更为重要和深远。

　　在探索易筋经的奥秘时，我们不仅需要关注"筋骨""经络"和"气血"这三个关键词，还应该深入了解练习过程中身体的"功感"。这种内在的感觉是指导我们正确修炼的重要依据。通过认识并掌握这些关键点，我们可以更好地进入状态，从而达到事半功倍的效果。

首先，让我们来谈谈什么是"功感"。简单来说，"功感"就是当人体处于特定姿势或进行特定动作时所产生的一系列生理与心理反应。它包括但不限于肌肉紧张度的变化、呼吸节奏的调整、心跳速率的变化等。对于初学者而言，能够准确地感知到自己体内发生的细微变化是非常重要的一步。只有当你真正意识到了这些微妙之处，才能更加精准地控制自己的行为模式，进而促进达到身心合一的状态。

接下来，我们将介绍几个有助于培养良好"功感"的小技巧。

静心冥想：开始任何一项锻炼之前，先花几分钟时间让自己平静下来。闭上眼睛，深呼吸几次，试着将所有注意力集中在呼吸上。这样做可以帮助你放松心情，减少外界干扰，为接下来的训练创造一个良好的开端。

缓慢而稳定的动作：无论是站立还是坐下，都要尽量保持动作流畅且连贯。避免突然加速或者减速，因为这样很容易打断已经建立起来的良好节奏感。记住，质量永远比数量重要得多。

专注于当下：在整个过程中始终保持高度集中的精神状态。不要分心想其他事情，也不要急于求成。相反地，应该全身心投入到每一个细节当中去，感受每一次伸展所带来的不同体验。

适时休息调整：如果感到疲劳或者不适，请不要勉强继续下去。适当停下来做一些简单的拉伸活动，帮助缓解紧绷的肌肉群；同时也可以利用这段时间反思一下刚才的表现，看看有哪些地方可以改进。

记录进步过程：建议每天坚持写日记，记录下当天练习的情况以及个人感受。这不仅有助于描绘自己的成长轨迹，还能让你对未来的目标有更清晰的认识。

动作一：横撑式

易筋，顾名思义，是以"筋"为主线进行系列锻炼。而"筋"是人们日常不易感知的。尤其现代，普通人对"筋"没有任何概念。简单将其称为韧带、筋膜，只能消除一点陌生感，其实还是难以让人真的理解什么是"筋"，堪称常人修习内家功夫的第一道难关。所以我们有必要先让人们清楚体会到"筋"的存在。

在现代社会中，人们对身体的了解往往局限于表面层次，对于深层的肌肉、骨骼以及更加隐秘的"筋"系统则知之甚少。这种忽视不仅影响了我们对自身健康状态的认知，也阻碍了我们探索更高层次的身体潜能。因此，在开始任何形式的内家功夫训练之前，首先需要建立起对"筋"这一概念的基本认识，并通过一系列专门设计的动作来激活并强化它。

一种行之有效的方法是采用循序渐进的方式逐步引导学习者体验并认识到自己体内那些平时难以察觉的力量源泉。比如，可以通过一些基础但富有挑战性的拉伸练习来唤醒沉睡已久的肌肉群；或者利用特定姿势下的呼吸技巧促使血液循环加速，从而使隐藏于深处的能量得以释放。此外，还可以结合冥想等心理调节手段帮助集中注意力，提高对身体内部细微变化的敏感度。

值得注意的是，在这个过程中可能会遇到各种困难与挫折——

毕竟这是一条通往未知领域的探索之路。但只要保持耐心与毅力，坚持不懈地努力下去，最终定能收获意想不到的成果。更重要的是，随着对自身构造的理解越来越深刻以及控制力不断增强，个人的整体素质也将得到显著提升。

（1）平行步站立，两脚与肩同宽。然后，将双手向左右平伸，高度与肩同高，手心向下，五指向外伸展到极限。意识里似乎要触摸到极远处的某物。

在这个动作中，我们仿佛置身于广袤无垠的宇宙之中，试图触及那遥不可及的星辰。双脚如同扎根于大地的树木，稳固而坚定；双腿则像是支撑起整个身体的柱子，承载着所有的重量和力量。随着呼吸的节奏，身体逐渐放松下来，每一个细胞都在为即将到来的挑战做好准备。

（2）从肩关节开始，肘关节、腕关节、指关节，每一节都先放松肌肉，再极力伸展，再放松肌肉，再极力伸展，直到伸到无法再动一丝一毫为止。

这一过程就像是跳一场精心编排的舞蹈，每一个动作都需要精准地控制和协调。首先，我们从肩部开始，让紧张的肌肉逐渐松弛下来，仿佛是一片轻盈的羽毛在空中飘荡。接着，我们将注意力转移到肘部，感受那里的关节在轻轻转动时的微妙变化。然后是手腕，它像是一位优雅的舞者，在指尖的引导下翩翩起舞。最后是手指，它们如同五根独立的琴弦，被无形的力量牵引着弹奏出美妙的旋律。每一次伸展都是对自我极限的挑战，也是对身体柔韧性的一次考验。

（3）在此基础上，手指缓缓翘起，指向天空，带动掌根向左右两侧外推，使整个手掌向上竖立起来，意识里还要让掌心向外凸。完成这个动作时，注意一定不要让任何一个关节回缩，每一个关节都要保持向外伸展的感觉。

当手指缓缓翘起，指向蔚蓝的天空时，我们仿佛能感受到一股强大的能量从内心深处涌出，沿着手臂传递至指尖。这股力量不仅推动着手掌向上竖立，更使得掌心向外凸起，形成一个完美的弧度。在这个过程中，我们需要时刻提醒自己不要因为疼痛或不适而放弃努力。相反地，我们应该坚持到底，让每一个关节都保持在最佳的伸展状态。只有这样，才能真正体验到这种姿势所带来的独特魅力——它不仅能够锻炼我们的身体，还能提升我们的精神境界。

在深入探索形意拳的奥秘时，我们不仅需要理解其外在的动作形态，更要体悟其内在的筋骨结构与力量传递机制。当你尝试将手臂和胸背部的皮下组织伸展到极致时，会感受到一种独特的撕扯感，这种感觉仿佛是肌肉与筋膜之间在进行一场微妙的对话，尤其是在腋下区域，这种感觉尤为强烈。这就是所谓的"筋"的体感，它是身体内部力量流动与协调的重要标志。

在这个状态下，如果有人用手掌猛击你的手掌，你会发现自己的双臂与上半身仿佛串联成了一个不可分割的整体，共同承受了这次冲击。对方则会惊讶地发现，他的手掌似乎拍在了一根坚硬无比的横木桩上，这种反馈正是内家拳所追求的"整"的效果。

然而，要达到这样的境界并非易事。如果某个关节，尤其是肘部或肩部的伸展不够彻底时，就会产生剧烈的震动，这种震动不仅会影响动作的流畅性，更可能对关节造成不必要的损伤。在内家拳的术语中，这种现象被称为"断劲儿"，指力量的传递被打断，无法形成有效的整体。

为了避免这种情况发生，形意拳中有一种专门的训练方法——伸筋法。这种方法通过特定的拉伸和放松练习，逐渐增强筋骨的柔韧性和力量，从而更好地达到"整"的效果。在这个过程中，你需要细心感受每一个细微的变化，不断调整自己的呼吸和姿势，以达到最佳的练习效果。

长期坚持练习伸筋法，你不仅可以显著提高自己的身体素质和技能水平，更能深刻体会到内家拳"整"的理念。

动作二：探掌式

第一步，在平行步站立的姿态下，双脚稳固地扎根于地面，仿佛是大地的延伸。双手缓缓向上平举，与肩同高，展现出一种优雅而坚定的力量感。手指向正前方伸出，掌心向下，五指尖朝前，宛如要触碰到极远处那无形的墙。这时，运用第一式中找到的"伸筋感"，极力向远处伸展手臂，具体要求与第一式的要领一样，因此可以说筋骨功是气血功的基础。

第二步，当手指前伸到位之后——注意，这是前提，想象手指尖粘在远处的墙上了。然后开始放松。首先松肩、颈、背，这时会感觉颈根部的肌肉放松了一些，手指似乎又可以往前送一点点。接着，大椎穴微微往后靠一靠，像要找个墙靠一下。这样，大椎穴和手指尖就形成了一组对拉关系，好像挂在空中的一个晾衣绳。这种对拉关系不仅增强了身体的柔韧性和稳定性，还促进了气血的流通和循环。

中篇

在这个过程中，我们可以感受到身体各个部位之间的紧密联系和相互影响。当我们放松肩部时，颈部也会随之放松；当我们放松背部时，整个上半身都会感到轻松自在。这种放松的状态有助于缓解压力和紧张情绪，提高身体的灵活性和协调性。

同时，通过对这种对拉关系的建立和维护，我们还可以提高身体的平衡能力和稳定性。当我们将大椎穴微微往后靠时，身体会自然地产生一种向前倾斜的趋势；而当我们将手指尖向前伸展时，则会形成一个反向的力量来抵消这种倾斜趋势。这种平衡状态不仅有助于身体保持稳定姿势，还能增强我们对身体的控制能力和反应速度。

在这一刻，全身的肌肉仿佛都得到了解放，尤其是大椎与手指之间的每一块肌肉，它们纷纷松弛下来，宛如卸下了沉重的盔甲。这种松弛并非简单的松懈，而是一种深层次的、有意识的释放，让肩部、肘部、腕部乃至每一个指尖关节，都能感受到一种前所未有的"拉开"感。这种感觉，就像是一串精心编织的链子鞭，在空中轻轻摇曳，既自由又充满力量。

要维持这种难得的状态，需要保持住两端极力伸展的感觉，就像两端被无形的力量紧紧牵引着，不容许有丝毫的懈怠。这时，不妨请一位朋友来协助，让他轻轻地拍打你的指尖。这里的"轻轻"，强调的是力度，无需用力过猛，只需试探性地触碰指尖。这样做的目的，是测试在保持关节极度伸展的同时，是否能够承受住外界轻微的冲击而不被打软，即不失去原有的紧张度和稳定性。

初次尝试时，若发现自己难以承受这样的轻拍，不必灰心或自责。事实上，对于绝大多数人来说，这都是一个挑战，因为身体柔韧性和控制力的培养并非一蹴而就的，而是需要持续不断地练习。正如古人云："绳锯木断，水滴石穿。"只有持之以恒，不断练习，才能逐渐增加强度和耐力。

在练习气贯指尖的过程中，首先需要保持放松的状态。想象自己置身于一片静谧的森林中，四周鸟语花香，微风轻拂，所有的烦恼和压力都随风而去。在这样的状态下，你会感到全身上下每一个细胞都在呼吸，每一条神经都在舒展。

接下来，将注意力集中在你的双手上。不要刻意去思考"气"是什么，也不要纠结于它从何而来，更不必在意所谓的循行路线或是如何配合呼吸。只需简单地想象一股温暖而柔和的力量，正缓缓地从体内涌出，沿着手臂一路向下流动，最终汇聚于指尖之上。记住，在这个过程中绝对不能用力，无论是肌肉还是筋骨都要尽量保持轻松自然的状态。就像是有一股无形的能量自然而然地被引导到了手指末端一样。

随着练习次数的增加，你会逐渐感受到指尖处传来一种微妙的变化——它们似乎变得比平时更加敏感了。每当意念集中于此处时，便能感受到一种轻微的发胀感，仿佛整个手指头都被一层看不见但触手可及的能量包裹着。这种感觉既新奇又令人愉悦，让人不由自主地想要探索更多关于这股神秘力量的秘密。

当你觉得已经能够较好地掌握这种感觉之后，不妨邀请一位朋友再来帮助你测试一下成果。请他轻轻地拍打你的指尖，如果此时你不仅能承受住对方施加的压力，而且手指关节也没有出现任何不适或变软的情况，那么恭喜你，这说明你已经初步掌握了"贯气"的要领！当然，如果第一次没有成功也不必灰心，因为每个人对新事物的学习能力不同，可能需要经过几次甚至几十次的尝试才能达到理想效果。重要的是保持耐心，并且持续不断地进行练习。

一旦形成了良好的习惯，即每当伸出手指时都能自然而然地做到气贯指尖，那么你就会发现自己在很多方面都变得更加从容不迫、游刃有余了。无论是日常生活中的小动作还是面对挑战时的心态，都能够体现出这份由内而外散发出来的强大气场。

如果始终无法成功地完成这一式，那便证明你的手臂经筋过于薄弱或者存在淤塞的地方。此时，你必须毫不犹豫地返回去重新练习第一式。这一式的主要目的，在于引导你在筋骨感的基础上，逐渐产生对气血流动的感觉。

对于普通人来说，在练习内家拳的过程中，第二个难以理解的概念便是"气"。"气"存在与否、如何定义它，以及它是如何发挥作用的，这些问题一直是现代人关于中医和传统武术争论的焦点。

"气"这个词，在中国传统文化中有着极其深远的意义。它不仅是一种抽象的概念，更是一种贯穿人体的能量。在内家拳的修炼过程中，"气"被视为推动身体各部分协调运作的关键因素。然而，由于现代科学未能完全解释清楚这种能量的本质，许多人对其持怀疑态度。当然这还和"气"这个概念本身具有一定的模糊性和神秘色彩有关。

实际上，"气"的存在并不需要通过复杂的理论来证明。在日常生活中，我们每个人都能体会到"气"。比如，当我们感到紧张或焦虑时，呼吸会变得急促而浅显；而当我们放松下来，深呼吸几次之后，心情便会平静许多。这就是"气"在起作用的一个简单例子。此外，中医理论中的针灸疗法，也是基于调节体内"气"的流动来达到治疗效果的。这些实例表明，"气"并非凭空捏造的概念，而是实实在在影响着我们的身体健康。

当然，要真正理解和掌握"气"，还需要长时间的实践和体会。正如古人所说："知易行难。"只有不断练习，才能逐渐感受到"气"的存在，并将其运用到实际生活中去。刚开始接触内家拳的人，可能会觉得这个概念非常抽象且难以捉摸。但是，只要坚持不懈地努力下去，总有一天你会发现自己能够自如地控制体内的"气"，从而达到身心合一的境界。

在易筋经的修炼过程中，运气是非常重要的一环。你需要通过一系列的呼吸、动作和意念控制，将"气"引导到身体的各个部位，尤其是梢节，如手指尖和脚趾尖。这样做的目的是让"气"流经体内的主要经络，也就是所谓的十二正经。这些经络是连接人体各个器官和组织的通道，"气"的流动可以促进气血循环，从而达到润养全身筋骨的效果。

八卦掌作为一种内家拳法，同样强调运气的重要性。在八卦掌的初级阶段，学习者需要掌握如何正确地贯气。这个过程涉及对呼吸的控制、身体的放松以及意念的集中。通过不断练习和体会，学习者可以逐渐感受到"气"在体内的流动，从而增强身体的力量和灵活性。

随着修炼的深入，运气的感觉会变得越来越明显。你可能会感觉到一股温暖或者凉爽的能量在体内流动，这就是气。有时候，这种感觉可能会伴随着轻微的震动或者麻刺感，这是"气"打通经络时人的自然反应。当"气"能够顺畅地流经全身时，你会感到一种难以言喻的舒适和轻松。

除了对影响身体，运气还能够影响到你的精神状态。当气流通无阻时，人的心境也会变得更加平和宁静。这种内心的平静有助于提高专注力和决策能力，使人在面对生活中的挑战时更加从容不迫。

动作三：托天式

在晨曦微露之时，于一方静谧之地，以平行步站立，双脚如同扎根大地的古木，稳固而沉稳。深吸一口气，让心灵与自然相融，随后缓缓进入第一式——横撑式。双臂自身体两侧渐渐升起，犹如破晓时分的第一缕阳光穿透薄雾，温暖而充满希望。随着呼吸的节奏，两臂继续向上伸展，直至头顶上方，形成一个宏伟壮观的"托天"姿态。此时，双手掌心朝天，仿佛承接着来自天际的无限能量；十指指尖轻轻触碰，宛如搭建起一座沟通天地的桥梁，既展现了力量之美，又蕴含和谐之意。

紧接着，保持手臂关节处于最佳伸展状态，运用第二式的精髓——想象自己正试图触及那遥不可及却又近在咫尺的屋顶。手指间似乎有一股无形的力量牵引着它们不断向上攀升，直至触碰到那片虚幻却真实的空间。当手掌终于"粘"在了假想中的天花板之上时，整个身体也随之轻盈起来，就像是被一根看不见的绳索吊挂在半空中，自由飘浮于无垠宇宙之中。这种奇妙的感觉让人暂时忘却了尘世间的一切烦恼与束缚，只留下纯粹的快乐与宁静。

在这看似轻松愉快的背后，实则隐藏着对身体各部位协调性的极高要求。尤其是腰部区域，需要做到恰到好处地放松，同时臀部略微下沉，给人一种即将坐下但又并未真正接触地面的感觉。尾骨则像是一个沉重的铅锤，稳稳地固定住整个下盘，为上方的动作提供坚实的基础支撑。这样不仅能够有效拉伸背部肌肉群，还能促使脊椎特别是腰椎部位得到充分舒展，使人感受到前所未有的轻松与舒适。值得注意的是，虽然这一过程听起来简单易行，但实际上它需要从脚底到头顶几乎所有重要关节和肌肉群参与，是一项调动全身的锻炼方式。

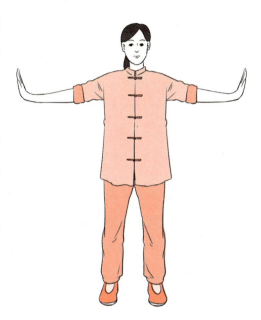

不太熟悉内家拳的人，可以将这个动作形象地理解为"伸个大懒腰"的加强版。在日常生活中，我们偶尔会自

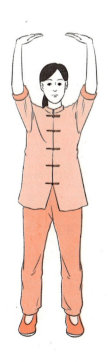

然而然地做出伸展身体的动作，以此来缓解久坐或久站带来的疲劳感。

那么，为什么要特别强调练习这样一个看似普通的伸展动作呢？答案在《易筋经》之中。《易筋经》作为一套全面锻炼身体各部位的功法，其核心理念在于通过特定的动作来打开全身关节，拉伸全身肌肉与韧带（即所谓的"经筋"），从而促使气血顺畅地到达体内每一个角落。人体由于日常活动习惯不同，各个部位之间的松紧程度也存在着显著差异，比如手腕、脚踝以及颈部等区域相对灵活，而腰部尤其是腰椎部分则往往较为僵硬。这种不平衡的状态不仅影响了身体整体的协调，还可能导致某些部位因过度使用而受伤，或是因长期缺乏运动而变得脆弱不堪。

为了达到全身均衡发展的目的，《易筋经》提倡从最不活跃、最需要改善的地方着手，也就是我们的腰部。专门针对腰椎及其周围肌群进行强化训练，可以帮助增该区域的力量与柔韧性，进而使得整个脊柱乃至全身上下更加和谐统一。此外，这样的练习还能有效缓解由长时间保持同一姿势工作所引起的局部酸痛不适，甚至对预防颈椎病、腰椎间盘突出等常见职业病也有积极作用。

在古代武术与养生的智慧中，腰部被誉为人体上下通道中的枢纽，其重要性不言而喻。腰椎五节，如同一座桥梁，连接着身体上部与下部，确保气血顺畅流通。

腰部被如此重视，并非没有道理。从中医角度来看，足三阴经（肝经、脾经、肾经）与三阳经（膀胱经、胆经、胃经）贯穿全身，它们构成了从头至脚的主要纵向经络系统，是维持生命活动不可或缺的物质基础。如果把它们比作河流，那腰部，则好比是这些河流交汇之处最宽阔且水流最为湍急的部分，一旦这里出现问题，整个循环体系都会受到影响。可以说，强健有力的腰部是保证气血畅通无阻的关键。

为了达到这一目标，古往今来无数前辈们总结出了各种锻炼方法。比如太极拳中的"云手""搂膝拗步"等动作，就特别强调通过缓慢而有节奏地转动腰胯来增强腰部力量；再如八段锦里的"两手托天理三焦"，也是在伸展手臂的同时配合深呼吸来拉伸脊柱两侧肌肉群，从而达到舒筋活络的效果。此外，还有许多专门训练腰部的传统功法，如易筋经中的"卧虎功"、形意拳里的"蛇形步"等，都是围绕着加强核心稳定性而设计出来的有效手段。

值得注意的是，在进行身体锻炼之前，应该先做好充分热身准备，避免突然剧烈运动造成损伤。同时，根据自身情况选择合适的强度和频率也很重要，切忌盲目追求速度而忽略了正确姿势和技术要领。只有持之以恒地坚持下去，才能真正感受到腰部变得日益强壮所带来的好处——不仅能够改善体态、提高灵活性，还能有效缓解腰背疼痛等问题，让整个人看起来更加精神焕发。

在现代社会，受久坐不动、缺乏运动等生活方式的影响，许多人的腰椎区域仿佛一条被堵塞的河道，充满了石头和淤泥，只剩下一些曲折狭窄的小孔，勉强能够让水（即生命活力）缓缓流淌。这样的腰椎虽然不至于完全妨碍日常生活，但显然已经处于"凑合能用"的状态，与健康与有活力的腰椎相去甚远。

那些渴望通过修炼来获得健康身心的人的目标不仅是让这条"河道"变得更加宽阔，而且要将其彻底疏通开来。这并非指传统意义上的肌肉增加或是力量增强，而是一种深层次的"打开"。就如同治理一条淤积严重的河流一样，需要耐心细致地清除掉所有阻碍水流畅通的因素——无论是坚硬的石块还是柔软的泥沙（这里比喻紧张僵硬的肌肉以及粘连在一起的筋膜组织）。只有当这些障碍物被一一移除，原本干涸或者缓慢流动的生命之河才能重新焕发出勃勃生机，展现出它应有的清澈与活力。

练习托天式正是这样一种有效的方法之一。通过这一动作，可以温和而深入地放松腰部周围的肌肉群，同时促进血液循环，帮助解决长时间保持同一姿势所造成的局部压力过大问题。更重要的是，它还能够帮助拉开脊椎之间的间隙，特别是对于腰椎部位来说尤为关键。当我们的身体能够更加灵活自如时，那些曾经束缚着我们的"石头"和"淤泥"便会逐渐消失不见，取而代之的是顺畅无阻的能量流动路径。这样一来，不仅有助于改善整体健康状况，还能让人感受到前所未有的轻松愉悦。

当谈及"放松"，很多人可能会将其简单地理解为肌肉不再紧绷的状态，但在武术领域，尤其是内家拳法中，"放松"被赋予了更为深刻的意义。它要求习练者在保持身体结构稳定的同时，让全身上下达到一种既轻松又充满弹性的理想状态。这种状态下的身体能够更加灵敏地响应外界变化，同时减少不必要的能量消耗，从而达到以柔克刚的效果。因此可以说，学会正确地放松自己，是通往更高境界的重要一步。

当然，面对这样一个看似简单实则复杂艰巨的任务时，许多人或许会望而却步。但实际上，只要我们抱着积极向上的心态去进行每一次训练，并且"每天进步一点点"，那么无论起点如何，最终都能够收获属于自己的成果。正如那句古话所说："千里之行始于足下。"只要坚持不懈地努力下去，总有一天你会发现自己已经在不知不觉间取得了巨大飞跃。

此外，对于那些渴望深入了解并掌握易筋经这门古老而又神秘技艺的人来说，建立起扎实的基础尤为重要。只有当我们真正理解了什么是真正的"放松"，并将其融入到日常练习当中后，再去接触这部被誉为中华武术宝典的秘籍时，才能够避免陷入形式主义误区，而是真正从中汲取精华。正所谓"磨刀不误砍柴工"，前期准备工作做得充分，后期学习起来才会更加得心应手。

中
篇

下

篇

十二图势详解

　　《易筋经》十二式是一套传统的中国健身气功，它通过一系列的动作来锻炼身体，特别是肌肉、骨骼和关节。这套功法注重脊柱的旋转屈伸，通过各种姿势和运动方式，使身体得到全面的锻炼。

　　首先，这些动作有助于增强心血管系统的功能。持续运动，心脏需要更多的氧气和营养物质来支持身体的活动，从而提高了血液循环系统的运作效率。长期坚持练习可以降低患高血压的风险，并改善整体健康状况。

　　其次，呼吸系统也会从中受益。在练习过程中，人们需要深呼吸以保持正确的姿势和节奏，这有助于增加肺活量并增强肺部功能。此外，正确的呼吸技巧还可以帮助缓解压力和焦虑情绪，使人感到放松和平和。

　　最后，消化系统也会得到改善。由于身体活动量增加以及腹部肌肉的收缩与放松交替进行，肠胃蠕动会变得更加顺畅，从而有助于食物的消化吸收。这对预防便秘等非常有益。

　　除了上述生理层面的好处，《易筋经》十二式的练习还能增强平衡能力、柔韧性和肌肉力量。每个动作都需要精确地控制身体各部位的力量分配，这对提高个人的身体控制能力和稳定性有很大帮助。同时，随着训练强度逐渐加大，参与者的肌肉群也将变得更加强壮有力。

最后值得一提的是，这种形式的锻炼还具有心理层面上的优势——它能够有效减轻焦虑和抑郁。当人们专注于完成特定动作时，往往会将注意力从日常烦恼中转移开去；而规律性的体育活动本身能促进大脑释放内啡肽等"快乐荷尔蒙"，进一步改善心情状态。总之，《易筋经》十二式不仅是一种有效的身体锻炼方法，也是维持身心健康的重要手段。

预备势

两脚并拢站立，双脚平行，与肩同宽，保持身体的稳定和平衡。两手自然垂于体侧，掌心向内，手指自然伸直，放松肩膀和手臂的肌肉。下颏微收，使颈部保持直立，同时注意不要过分用力，以免造成颈部紧张。百会虚领，即头顶上方的百会穴轻轻向上提起，有助于提升整体的精神面貌。唇齿合拢，舌头自然平贴于上腭，这样可以使呼吸更加顺畅，同时也能够减少口腔内的杂音。目视前方，眼睛平视，不要盯着某一点看太久，以免造成眼部疲劳。

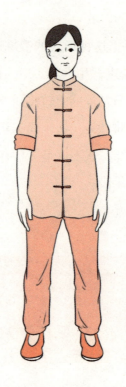

　　通过这样的姿势，可以宁静心神，帮助人们放松心情，减轻压力；调整呼吸，使得每一次吸气和呼气都能更加深长均匀，有利于提高肺活量；内安五脏，促使内脏器官健康运作；端正身形，不仅从外观上看起来更加挺拔自信，还能改善身体姿态，预防因站姿不良而出现的各种问题。

韦驮献杵第一势

首先，两脚开立，双手仰掌由胸前徐徐上举至头顶，目视掌而移，身立正直，勿挺胸凸腹。这个起始姿势有助于激活腿部和核心肌群，为接下来的动作做准备。同时，保持身体直立可以避免腰椎过度压力，保护脊柱。

接着，十指交叉，旋腕反掌上托，掌心向上，仰身，腰向后弯，目上视。然后上体前屈，双臂下垂，推掌至地，昂首瞪目。呼气时，屈体下弯，脚跟稍微离地；吸气时，上身立起，脚跟着地。这样的动作可以增强腰腹及下肢力量，起到壮丹田之气、强调固肾的作用。

呼气时，屈体下弯，脚跟稍微离地；吸气时，上身立起，脚跟着地。这样的呼吸配合可以帮助我们更好地集中精神，同时也能够促进气血流动，增强肺功能。

这个动作的要诀是："膝直膀伸，推手自地；瞪目昂头，凝神一志；起而顿足，二十一次；左右伸肱，以七为志；更作坐功，盘膝垂眦；口注于心，息调于鼻；定静乃起，厥功维备。"

从中医的角度来看，上肢的上抱下引动作，可引气回归于丹田，起到调节放松全身肌肉、关节的作用。中医认为"任脉为阴脉之海"，统领全身阴经之气。身体后仰、胸腹伸展，可使任脉得以疏伸及调养，同时可以调和手足三阴之气。

此外，这个动作还可以改善腰腿肌肉，起到强健腰腿的作用。体前屈及抬头、掉尾的左右屈伸运动，可使任督二脉及全身气脉在此前各势动作的基础上得以调和，练功后全身舒适、轻松。

韦驮献杵第二势

　　首先，两脚开立，与肩同宽，足掌踏实，两膝微松。这个姿势有助于我们稳定身体，同时也是对下肢肌肉的一种锻炼。接着，两手自胸前徐徐外展，至两侧平举，立掌，掌心向外，两目前视。这个动作可以拉伸我们的手臂肌肉，促进上肢的血液循环。

　　随后，吸气时胸部扩张，臂向后挺；呼气时，指尖内翘，掌向

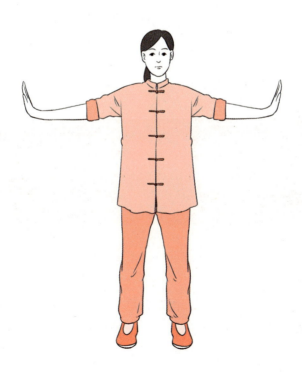

外撑。这样的呼吸配合可以帮助我们更好地集中精神，同时也能够促进气血流动，增强肺功能。反复进行 8~20 次，这样可以增强我们身体两侧肌肉的协调性和平衡性。

这个动作的要诀是："足趾抓地，两手平开，心平气静，目瞪口呆。"

从中医的角度来看，伸展上肢和立掌外撑的动作，可以起到疏理上肢等经络的作用，并具有调心肺之气、改善呼吸功能及气血运行的作用。身体后仰，胸腹伸展，可使任脉得以疏伸及调养，同时可以调和手足三阴之气。

此外，这个动作还可以增加肩臂的肌肉力量，有助于改善肩关节的活动功能。上肢的伸展和外撑，可以调动人体的手三阳三阴经气流动，使手部气血通畅。腋下有脾之大络——大包穴，松肩虚腋，可以有效地放松此穴位，从而对全身之脉络起到调节作用，有利经气流通。

韦驮献杵第三势

首先，两脚开立，与肩同宽，足掌踏实，两膝微松。这个姿势有助于我们稳定身体，同时也是对下肢肌肉的一种锻炼。接着，两手自胸前徐徐外展，至两侧平举，立掌，掌心向外，两目前视。这个动作可以拉伸我们的手臂肌肉，促进上肢的血液循环。

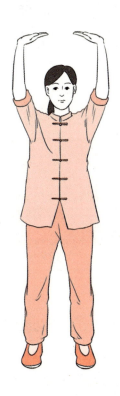

随后，吸气时胸部扩张，臂向后挺；呼气时，指尖内翘，掌向外撑。这样的呼吸配合可以帮助我们更好地集中精神，同时也能够促进气血流动，增强肺功能。反复进行 8~20 次，这样的循环可以加强我们身体两侧肌肉的协调性和平衡性。

从中医的角度来看，通过伸展上肢和立掌外撑的动作导引，起到疏理上肢等经络的作用，并具有调心肺之气，改善呼吸功能及气血运行的作用，通过身体的后仰，胸腹的伸展，可使任脉得以疏伸及调养，同时可以调和手足三阴之气。

　　此外，这个动作还可以提高肩臂的肌肉力量，有助于改善肩关节的活动功能。通过上肢的伸展和外撑，可以调动人体的手三阳三阴之经气的流动，使手部气血通畅。腋下有脾之大络——大包穴，松肩虚腋，可以有效的放松此穴位，从而对全身之络脉起到调节作用，有利经气的流通。

摘星换斗势

　　起势之时，需调整呼吸，使之匀细深长，仿佛与天地间的灵气相互呼应。右脚缓缓向右前方迈出一步，与左脚构成一个微妙的斜八字形状，这一姿势既稳固了下盘，又暗含了动静结合的哲理。随之，身体轻轻向左微侧，如同随风摇曳的树枝，柔中带刚，寓静于动。屈膝沉臀，右脚跟轻轻提起，整个身躯仿佛一座沉稳的山峰，虽动而不失其根，展现了"动中有静，静中有动"的精髓。

　　右手高举，手臂伸直，掌心向下，仿佛自浩瀚星空中摘下一粒明星，又似将一片苍穹覆盖于头顶，寓意着从宇宙中汲取能量，引入自身。头微向右斜，双目穿过掌心向上仰望，这既展现了对天地的敬畏，也是引导内气上行，促进头部血液循环，缓解颈椎疲劳。左手则屈肘自然下垂，置于背后，形成了一种内外相应的态势，保持了身体的平衡和谐。

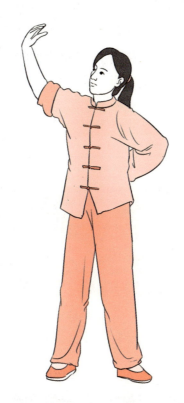

吸气时，随着清气贯顶，双肩微微后挺，胸部随之扩张，仿佛能容纳天地之气；呼气时，全身肌肉松弛，气息缓缓下沉，如同春雨润物，无声无息间滋养着身体。如此反复，左右两侧交换进行，每一次呼吸都伴随着气血的流转，每一次姿态的转换都是对身体机能的一次深度唤醒。

"摘星换斗势"是一系列动作的组合，体现了自然法则的遵循，对生命奥秘的探索。正如其诀所言："只手擎天掌覆头，更从掌内注双眸。鼻端吸气频调息，用力回收左右眸。"这既是对动作要领的精准描述，又是对精神境界的指引——以意领气，以气驭形，达到身心合一、天人合一的境界。

长期坚持练习"摘星换斗势"，能够有效强化腰部肌肉，对于缓解久坐或不良姿势引起的腰背疼痛具有显著效果。同时，通过对颈部、肩部的拉伸与放松，增强了这些部位的灵活性和力量，延缓了年龄增长导致的身体机能衰退，真正实现了壮腰健肾、延缓衰老的目的。

倒拽九牛尾势

首先，右脚向前迈出一大步，膝盖弯曲，形成右弓步。这个动作要求我们的右脚脚尖指向前方，左脚脚尖稍微向外，保持身体的平衡。在这个过程中，我们的身体重心要稍微向前倾，但要保持脊柱直立，避免前倾过度。

接下来，我们的右手紧握成拳，手臂弯曲，举至前上方，拳心向内，双目注视拳头。这个动作可以帮助我们集中精神，同时也能够锻炼肩部和手臂的肌肉。与此同时，我们的左手也紧握成拳，左臂屈肘，斜垂于背后，拳心向后，这样可以拉伸背部的肌肉，增加背部的柔韧性。

当我们吸气时，两拳紧握内收，右拳收至右肩，左拳垂至背后，这个动作可以帮助我们收紧腹部，增强腹部肌肉的力量。呼气时，两拳两臂放松还原为本势预备动作，这个动作可以帮助我们放松身体，同时也有助于调节呼吸，使气血流通更加顺畅。

然后，我们的身体后转，形成左弓步，同时左右手交替进行上述动作。这样的转体动作可以锻炼我们的腰部肌肉，增强腰部的灵活性和力量。通过这样的反复练习，我们可以感受到身体的每一部分都得到了锻炼和调节。

这个动作的要诀是："两腿后伸前屈，小腹运气放松；用力在于两膀，观拳须注双瞳。""两腿后伸前屈"可以帮助我们拉伸腿部肌肉，"小腹运气放松"则是指在练习过程中要保持腹部柔软和放松，"用力在于两膀"则是指在动作中要注意肩部和手臂的力量运用，"观拳须注双瞳"则是要求我们在练习时集中注意力，注视拳头。

从生理作用上来看，这个动作通过腰部的扭动，带动肩胛活动，可以刺激背部的夹脊、肺俞、心俞等穴位，从而达到疏通夹脊和调练心肺的作用。这对于改善背部的血液循环，增强心肺功能有着重要的作用。同时，四肢上下协调活动，可以改善软组织的血液循环，增强四肢肌肉的力量及活动功能，这对于预防和治疗一些肌肉骨骼疾病有着积极的效果。

出爪亮翅势

首先，两脚开立，与肩同宽，两臂前平举，立掌，掌心向前，十指用力分开，虎口相对。这个姿势要求我们怒目平视前方，脚跟提起，以两脚尖支持体重。这样的站立方式可以增强我们的平衡感，同时也能够拉伸小腿肌肉，增加踝关节的灵活性。

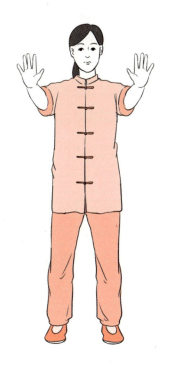

接下来，两掌缓缓分开，上肢呈"一"字样平举，立掌，掌心向外，随势脚跟着地。这个动作可以进一步拉伸我们的手臂和肩部，同时脚跟着地的动作可以增强我们的腿部肌肉，增加下肢的力量。

吸气时，两掌用暗劲伸探，手指向后翘；呼气时，臂掌放松。这样的呼吸配合可以帮助我们更好地集中精神，同时也能够促进气血流动，增强肺功能。

这个动作的要诀是："挺身兼怒目，推手向当前；用力收回处，功须七次全。""挺身"和"怒目"可以帮助我们集中精神，"推手向前"则是动作的核心，"用力收回"则是指在动作中要有意识地控制力量的收放，而"功须七次全"则是提醒我们动作需要完整地进行七次，以达到最佳的锻炼效果。

从中医的角度来看，这个动作通过伸臂推掌、屈臂收掌、展臂扩胸的动作，反复启闭云门、中府等穴位，促进自然之清气与人体之真气在胸中交会融合，达到改善呼吸功能及促进全身气血运行的作用。云门穴位于锁骨之下、肩胛骨喙突内方的凹陷处，中府穴位于胸部，紧邻肺，这两个穴位的启闭对于调整呼吸和促进气血运行有着重要的作用。

此外，这个动作还可以增加胸背部及上肢肌肉力量。四肢上下协调活动，可以改善软组织血液循环，增加四肢肌肉力量及改善活动功能。这对于长期伏案工作或者缺乏运动的人来说，是一种很好的锻炼方式。

九鬼拔马刀势

首先，两脚开立，脚尖相衔而足跟分离，呈"八"字形站立。这样的站立方式有助于我们稳定身体，同时也是对下肢肌肉的一种锻炼。接着，我们的两臂向前平举，立掌，掌心向前，十指用力分开，虎口相对，这个动作可以拉伸我们的手臂肌肉，促进上肢的血液循环。

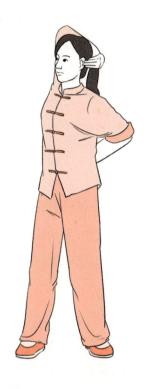

　　随后，左手屈肘经下往后，呈勾手置于身后，指尖向上；右手由肩上屈肘后伸，拉住左手指，使右手呈抱颈状。这个动作可以拉伸我们的肩部和背部肌肉，尤其是对肩胛骨周围的小肌肉群有很好的锻炼效果。同时，这个动作还要求足趾抓地，身体前倾，如拔刀一样，这可以增强平衡，同时也是一种对小腿肌肉的锻炼。

　　吸气时，双手用力拉紧，这样可以增强我们背部肌肉的力量；呼气时，臂掌放松，这有助于放松肌肉，促进血液循环。左右交换进行，反复5~10次，这样的循环可以加强我们身体两侧肌肉的协调性和平衡性。

　　这个动作的要诀是："侧首弯肱，抱顶及颈；自头收回，弗嫌力猛；左右相轮，身直气静。""侧首弯肱"是指我们的动作要领，"抱顶及颈"则是动作的具体形态，"自头收回"则是指动作的回收过程，"弗嫌力猛"则是提醒我们动作要适度，不可用力过猛。"左右相轮"和"身直气静"则是强调动作的连贯性和呼吸平稳。

从中医的角度来看，这个动作通过身体的扭曲、伸展等运动，使全身的真气开、合、启、闭，从而促进脾胃摩动，强化肾脏的功能。中医认为"肾为先天之本"，通过这样的锻炼，可以达到补肾强身的效果。同时，这个动作还具有疏通玉枕关、夹脊关等要穴的作用，这些穴位的疏通对于增强颈肩部、腰背部肌肉力量，改善人体各关节的活动功能都有着重要的作用。

三盘落地势

首先，左脚向左横跨一步，屈膝下蹲呈马步。马步是武术中最基本的姿势之一，它有助于增加力量、稳定性和耐力。在马步姿势中，上体需要保持挺直，两手叉腰，这样可以保持身体的平衡和稳定。

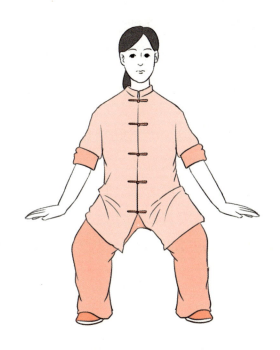

接着，我们的两臂向前平举，立掌，掌心向前，十指用力分开，虎口相对。这个动作可以拉伸我们的手臂肌肉，促进上肢的血液循环。随后，左手屈肘经下往后，呈勾手置于身后，指尖向上；右手由肩上屈肘后伸，拉住左手指，使右手呈抱颈状。这个动作可以锻炼我们的肩部和背部肌肉，尤其是对肩胛骨周围的小肌肉群有很好的锻炼效果。

吸气时，双手用力拉紧，这样可以增强我们背部肌肉的力量；呼气时，臂掌放松，这有助于放松肌肉，促进血液循环。左右交换进行，反复 5~10 次，这样的循环可以加强我们身体两侧肌肉的协调性和平衡性。

这个动作的要诀是："上腭坚撑舌，张眸意注牙；足开蹲似踞，手按猛如拿；两掌翻齐起，千斤重有加；瞪目兼闭口，起立足无斜。""上腭坚撑舌"和"张眸意注牙"可以帮助我们集中精神，"足开蹲似踞"则是动作的具体形态，"手按猛如拿"则是指动作的力量运用，而"瞪目兼闭口""起立足无斜"则是提醒我们动作要准确，保持身体平衡。

从中医的角度来看，这个动作通过下肢的屈伸活动，配合口吐"嗨"音，使体内真气在胸腹间相应地降、升，达到心肾相交、水火既济的效果。中医认为"肺主气，司呼吸"，伸臂推掌、屈臂收掌、展臂扩胸等动作，可反复启闭云门、中府等穴位，促进自然之清气与人体之真气在胸中交汇融合，达到改善呼吸功能及全身气血运行的作用。

青龙探爪势

首先，两脚开立，两手呈仰拳护腰。这个姿势要求我们的两脚与肩同宽，两手握拳，拳眼向上，轻贴于腰间，这样可以激活腰部的肌肉，为接下来的动作做准备。

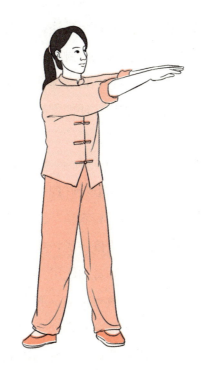

　　接着，右手向左前方伸探，五指捏成勾手，上体左转。这个动作可以拉伸我们的右侧胸肌和左侧腰肌，同时转动上半身，锻炼腰部的旋转肌肉，增加腰部的灵活性和力量。腰部自左至右转动，右手亦随之自左至右水平画圈，这个动作进一步增强了腰部的旋转能力，同时通过手臂的画圈运动，锻炼肩部和背部的肌肉。

　　当手画至前上方时，上体前倾，同时呼气；画至身体左侧时，上体伸直，同时吸气。这个动作的呼吸配合可以帮助我们更好地集中精神，同时也能够促进气血流动，增强肺功能。左右交换，动作相反，连续做5~10次，这样的循环可以加强我们身体两侧肌肉的协调性和平衡性。

　　这个动作的要诀是："青龙探爪，左从右出；修士效之，掌气平实；力周肩背，围收过膝；两目平注，息调心谧。"青龙探爪势的动作要领包括左右旋转时保持立身中正，以肘领动，行爪如浪，这些动作要求身体左右旋转时，百会虚领，上体始终保持正直，不应前俯后仰、左右歪斜，这样才能使腰部和腹部放松，把束在腰间的带脉练得柔韧如丝，松紧合度。

　　从中医的角度来看，这个动作通过转身、左右探爪及身体前屈，使两胁交替松紧开合，达到疏肝理气、调畅情志的功效。中医认为"两胁属肝""肝藏血，肾藏精"，二者同源。通过这样的锻炼，可以达到心肾相交、水火既济的效果，从而增强腰腹及下肢力量，起到壮丹田之气、强调固肾的作用。

　　此外，这个动作还可以改善腰部及下肢肌肉的活动功能。通过身体的扭曲、伸展等运动，使全身真气开、合、启、闭，脾胃得到摩动，肾得以强健；并具有疏通玉枕关、夹脊关等要穴的作用。

卧虎扑食势

　　首先，右脚向右跨一大步，屈右膝下蹲，形成右弓左仆腿势。这个姿势要求我们的上体前倾，双手撑地，头微抬起，目注前下方。这样的起始姿势有助于激活腿部和核心肌群，为接下来的动作做准备。

接下来，我们进行动作的主体部分。吸气时，两臂伸直，上体抬高并尽量前探，重心前移；这个过程模仿了猛虎扑食时的伸展和扑击动作，可以锻炼我们的背部和腹部肌肉，增加脊柱的灵活性。呼气时，屈肘，胸部下落，上体后收，重心后移，蓄势待发。这个动作的呼吸配合可以帮助我们更好地集中精神，同时也能够促进气血流动，增强肺功能。

这个动作的要诀是："两足分蹲身似倾，屈伸左右腿相更；昂头胸作探前势，偃背腰还似砥平；鼻息调元均出入，指尖著地赖支撑；降龙伏虎神仙事，学得真形也卫生。""两足分蹲"和"屈伸左右腿相更"是动作的基础，"昂头胸作探前势"和"偃背腰还似砥平"则是动作的具体形态，"鼻息调元均出入"则是指呼吸的配合，而"指尖著地赖支撑"则是动作的稳定性要求。

中医认为"任脉为阴脉之海"，统领全身阴经之气。通过虎扑之势，身体后仰，胸腹伸展，可使任脉得以疏伸及调养，同时可以调和手足三阴之气。这样的练习不仅能够增强腰腹及下肢力量，起到壮丹田之气、强调固肾的作用，还能改善腰腿肌肉活动功能，起到强健腰腿的作用。

打躬势

首先，两脚开立，脚尖内扣，这样可以激活腿部的肌肉，为接下来的动作做准备。接着，双手仰掌缓缓向左右而上，用力合抱头后部，手指弹敲小脑后片刻。这个动作可以刺激头部的穴位，特别是"鸣天鼓"的动作，有醒脑、聪耳、消除大脑疲劳的功效。

随后，我们配合呼吸做屈体动作。吸气时，身体挺直，目向前视，头如顶物；呼气时，直膝俯身弯腰，两手用力使头探于膝间做打躬状，勿使脚跟离地。这样的动作可以增强腰腹及下肢力量，起到壮丹田之气、强调固肾的作用。

这个动作的要诀是："两手齐持脑，垂腰至膝间；头唯探胯下，口更齿牙关；掩耳聪教塞，调元气自闲；舌尖还抵腭，力在肘双弯。""两手齐持脑"和"垂腰至膝间"是指动作的具体形态，"头唯探胯下"和"口更齿牙关"则是指动作的力量运用，"掩耳

聪教塞"和"调元气自闲"则是指呼吸的配合，"舌尖还抵腭"和"力在肘双弯"则是动作的细节要求。

中医认为"督脉为阳脉之海"，总督一身阳经之气。通过头、颈、胸、腰、髋椎逐节牵引屈伸，背部的督脉得到充分的锻炼，可使全身经气发、动，阳气充足，身体强健。这个动作还可以改善腰背及下肢的活动功能，强健腰腿。

此外，"鸣天鼓"有调补肾气、缓解症状（耳鸣、头痛、眩晕、中风、感冒、落枕等）、开慧增智的作用。现代临床应用中，也常配合现代耳聋、耳鸣手术。

掉尾势

首先，两脚开立，双手仰掌由胸前徐徐上举至头顶，目视掌而移，身立正直，勿挺胸凸腹。这个起始姿势有助于激活腿部和核心肌群，为接下来的动作做准备。同时，保持身体直立可以避免腰椎过度压力，保护脊柱。

接着，十指交叉，旋腕反掌上托，掌心向上，仰身，腰向后弯，目上视。这个动作可以拉伸我们的手臂肌肉，促进上肢的血液循环，同时仰身和腰向后弯的动作可以锻炼到腰部和背部的肌肉，增强脊柱的柔韧性。

然后，上体前屈，双臂下垂，推掌至地，昂首瞪目。呼气时，

屈体下弯，脚跟稍微离地；吸气时，上身立起，脚跟着地。这个动作可以增强腰腹及下肢力量，起到壮丹田之气、强调固肾的作用。

这个动作的要诀是："膝直膀伸，推手自地；瞪目昂头，凝神一志；起而顿足，二十一次；左右伸肱，以七为志；更作坐功，盘膝垂眦；口注于心，息调于鼻；定静乃起，厥功维备。""膝直膀伸"和"推手自地"是指动作的具体形态，"瞪目昂头"和"凝神一志"则是指动作的力量运用，"起而顿足"和"左右伸肱"则是动作的连贯性要求。

中医认为"任脉为阴脉之海"，统领全身阴经之气。体前屈及抬头、掉尾的左右屈伸运动，可使任督二脉及全身气脉在此前各势动作锻炼的基础上调和，练功后全身舒适、轻松。此外，身体的扭曲、伸展等运动，使全身真气开、合、启、闭，脾胃得到摩动，肾得以强健；并具有疏通玉枕关、夹脊关等要穴的作用。

收　势

首先，双手放松，双臂自然下垂于身体两侧，掌心朝内。接下来，慢慢地将双臂向外旋转，使掌心逐渐转向前方。在这个过程中，保持上半身的稳定和放松，不要紧张或用力过猛。

随着双臂继续外旋，上体也开始缓缓直立起来。当双臂完全展开时，它们应该与地面平行，并且掌心向上。此时，你会感受到一种轻微的拉伸感从肩膀延伸到手指末端。保持这个姿势几秒钟，然后慢慢地将两臂向上举起，肘部略微弯曲，掌心向下。目视前下方，确保头部和颈部保持正直，避免低头或抬头过高。

接下来，进行松肩的动作。轻轻地放松肩膀周围的肌肉，让它们自然下沉。然后，屈肘并将双臂向内收拢，双掌沿着头部、面部和胸前的路径下引至腹部，掌心向下。在整个过程中，保持呼吸平稳，不要憋气。目光始终注视前下方，以帮助集中注意力并保持平衡。

重复上述动作2遍或3遍。每次完成一套动作后，都要记得调整呼吸，确保身体得到充分的放松。最后，将双臂放松还原，自然垂于体侧。左脚收回，与右脚并拢站立，保持身体挺直但不失柔软。舌尖轻轻抵住上腭，这有助于维持口腔内的湿润度以及促进唾液分泌。眼睛平视前方，保持心态平和。

这一系列上肢的上抱下引动作，不仅可以有效地引导气血回归丹田（即人体中心部位），还能调节全身肌肉和关节的状态，达到放松身心的效果。长期坚持练习此类温和的运动，对改善睡眠质量、缓解压力等都有着积极的意义。此外，它还能够帮助增加身体的灵活性和协调性，增强免疫系统的功能，从而提升整体健康水平。无论是在忙碌的工作之余还是日常生活中，都可以适时地进行这样的锻炼，使自己更加轻松愉快。

搓膀腕法

原文 行功毕，先伸左膀，用人以两手，合擎虎口，用力搓之，由渐而增，如初搓以十数把，渐加至百把为度。右亦如之，务使两膀手腕发热透骨。

译文 完成练习后，首先伸展你的左臂，然后请别人用两只手，合拢拇指和食指（形成虎口的形状），用力搓你的手臂，从轻到重，开始时搓十次左右，逐渐增加到一百次。右臂也按照同样的方法进行，务必使两只手臂和手腕感到热力透骨。

下篇

127

挞炼手足

原文 初炼量力，缝做夹布口袋一个，装米砂五六十斤，悬挂架上。

用功毕，常用掌推、拳击、足踢、脚蹬，务至动摇，仍用拳脚踢打迎送，日久渐加砂袋斤重。

译文 刚开始练习时，要根据自己力量的大小，制作一个夹布口袋，里面装上五六十斤的米或沙子，然后将口袋悬挂在架子上。

练习结束后，要经常用手掌推、拳头击打、脚踢、脚蹬这个沙袋，直到能够使沙袋晃动。同时，还要用拳头和脚不断地击打和迎送沙袋，随着时间的推移，逐渐增加沙袋的重量。

炼指法

原文 量自力之大小，拣圆净一二斤重石子一筐，用五指抓拿，撒手掷下，不令落地，仍用手指赶抓。如是掷抓，初惟十数次，日久渐加次数暨石子斤数，则五指自觉有力矣。

又法：每于坐时，不拘时刻，以左右五指着座，微欠身躯，指自出力，无论群居独坐，皆可行之，日久自能见效。

译文 根据自己力量的大小，挑选一筐重量为一两斤的干净圆形石子。用五个手指抓起石子，然后放手让石子落下，但在石子落地之前，要迅速用手指接住。这样反复地扔和抓，最初只能做十几次，但随着时间的推移，可以逐渐增加次数和石子的重量，这样你的五指就会感到越来越有力。

另一种方法是：无论何时何地，只要坐着，都可以用左右手的五个手指撑在座位上，微微欠起身子，让手指自然用力。无论是在群体中还是独自一人坐着时，都可以进行这种练习，时间长了自然会看到效果。

玉环穴说

原文 《天录识余》云，《铜人针灸图》载："脏腑一身，俞穴有玉环。"余不知"玉环"是何物。

张紫阳[1]《玉清金华秘文》论神仙结丹处曰："心下肾上，脾左肝右，生门在前，密户居后，其连如环，其白如锦，方圆径寸，密裹一身之精粹，此即玉环。"

医者论诸种骨蒸，有玉房蒸，亦是"玉环"，其处正与脐相对，人之命脉根蒂也。

《言鲭》[2]云："一气之运行，出入于身中，一时凡一千一百四十五息，一昼夜计一万三千七百四十息。至人之息以踵，存于至深渊默之中。气行无间，绵绵若存，寂然不动，与道同体。若盛气哭号，扬声吟诵，吹笛长歌，多言伤气，皆非养生之道。"

译文 《天录识馀》中提到，《铜人针灸图》记载："人体的脏腑和全身，俞穴中有所谓的'玉环'。"我不知道"玉环"指的是什么。

张紫阳在《玉清金华秘文》中讨论神仙结丹的地方说："心的下方，肾的上方，脾的左边，肝的右边，生门在前，密户在后，它们连接起来像一个环，颜色白如锦，大小约一寸见方，紧密包裹着全身的精华，这就是所谓的玉环。"

医生讨论各种骨蒸病时，有一种叫玉房蒸，也是"玉环"，它的位置正好与脐相对，是人的生命脉的根基。

　　《言鲭》中说："气的运行，出入身体，一时大约有一千一百四十五次呼吸，一昼夜合计有一万三千七百四十次呼吸。修养高深的人呼吸深沉，存在于极深的沉默之中。气的流动没有间断，绵绵不断好像存在，寂静不动，与道合一。如果大声哭喊，高声吟诵，吹笛唱歌，多说话会伤气，这些都不符合养生之道。"

注释

[1] 张紫阳：张伯端（984—1082），字平叔，号紫阳，后改名为成（诚），天台（今属浙江）人。北宋时期著名高道。敕封"紫阳真人"。

[2]《言鲭》：是一部清代笔记类俗语杂书，由清代学者劳大与撰写。该书分为上、下两卷，共收录了 280 个词条，具有较高的史料价值。

任脉之图

附录

原文　任脉者，起于中极之下，以上毛际，循腹里，上关元，至咽喉，上循面入目，属阴。脉之海也。

译文 任脉是人体经络之一，它起始于中极穴下方，向上经过毛发边缘，沿着腹部内部向上行至关元穴，再向上至咽喉，沿着面部进入眼睛，属于阴性的经络。任脉是所有阴脉的汇集之地，被称为"脉之海"。

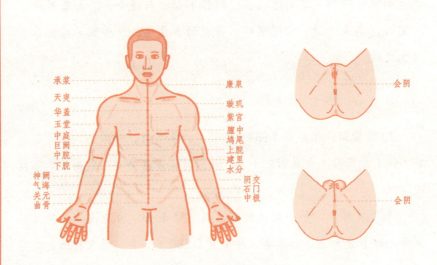

承浆
天突
华盖
玉堂
中庭 巨阙
阙 鸠尾
中脘 下脘
神阙 气海
海 元曲
关曲

廉泉
璇玑
紫宫
膻中
中庭
上脘
建里
水分
交阴
门石
极中

会阴

会阴

督脉之图

原文 督脉者，起于下极之腧，并于脊里，上至风府入脑，上巅，循额至鼻柱，属阳。脉之海也。

译文 督脉是人体的主要经络之一，它起始于下极穴（即尾骨尖），沿着脊柱内部向上行，经过风府穴进入脑部，上行至头顶，再沿着额头下行至鼻柱（即鼻根），属于阳性的经络。督脉是所有阳脉的汇集之地，因此也被称为"脉之海"。

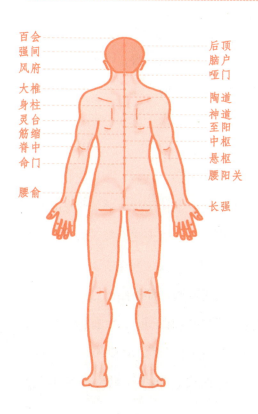

百会
强间
风府
大椎
身柱
灵台
筋缩
脊中
命门
腰俞

顶户
脑门
哑门
陶道
神道
至阳
中枢
悬枢
腰阳关
长强

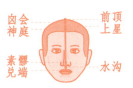

会庭
囟神
神庭

前顶
顶星
上星

素髎
兑端

水沟

龈交

附 录

135

气血说

原文 休宁汪氏曰："人身之所恃以生者，此气耳。源出中焦，总统于肺，外护于表，内行于里，周通一身，顷刻无间，出入升降，昼夜有常，曷尝病于人哉？及至七情交致，五志妄发，乖戾失常，清者化而为浊，行者阻而不通，表失护卫而不和，里失营运而弗顺。气本属阳，反胜则为火矣。

人身之中，气为卫，血为营。经[1]曰：营者，水谷之精也，调和五脏，灑陈于六腑，乃能入于脉也。生化于脾，总统于心，藏受于肝，宣布于肺，施泄于肾，灌溉一身。目得之而能视，耳得之而能听，手得之而能摄，掌得之而能握，足得之而能步，脏得之而能液，腑得之而能气，出入升降，濡润宣通，靡不由此也。

饮食日滋，故能阳生阴长。取汁变化，而赤为血也，注之于脉，充则实，少则涩，生旺则六经恃此长养，衰竭则百脉由此空虚。血盛则形盛，血弱则形衰。血者，难成而易亏，可不谨养乎？"

译文 休宁汪氏说："人的生存依赖于气。气源自人体的中焦部位，由肺来主导，在外保护体表，在内运行于体内，贯穿全身，一刻不停，昼夜不断地升降出入，何曾因为气而生病呢？但当七情（喜、怒、忧、思、悲、恐、惊）交织影响，五种情绪（贪、嗔、痴、慢、疑）妄自发动，违背常理，原本清澈的气变成了浑浊，流动的气受到阻碍，体表失去了保护而不和谐，体内失去了正常的运作而不顺。气本质上属于阳，但如果过于强盛就会转化为火。

在人体之中，气的作用就像卫士一样，而血则像营养一样。《黄帝内经·素问》中说：所谓的营养，是食物精华的体现，它能够调和五脏的功能，分布到六腑之中，然后才能进入血脉。营养在脾脏中生化，由心脏统领，储存在肝脏，通过肺脏输送，由肾脏施泄，从而滋养全身。眼睛得到它就能看，耳朵得到它就能听，手得到它就能抓取，掌得到它就能抓握，脚得到它就能行走，内脏得到它就能分泌液体，腑脏得到它就能产生气体，营养的出入升降、滋润和宣通，都是由此而来。

饮食每天都在滋养着人体，因此能够促进阳气生成和阴气增长。食物经过消化，提取其中的精华，变化成红色的液体，这就是血。血液注入到脉管中，如果血液充足，脉管就会充盈；如果血液不足，脉管就会变得不流畅。血液旺盛时，人体的六经（即心、肝、脾、肺、肾、心包）依赖血液的滋养而生长；血液衰竭时，全身的血脉就会因此而变得空虚。血液充足，人的形体就会强壮；血液不足，人的形体就会衰弱。血液的形成是困难的，而消耗却是容易的，难道不应该谨慎地养护它吗？"

原文

[1] 经：指《素问》，医经著作，9卷，81篇。与《黄帝内经灵枢》（即《灵枢经》）为姊妹篇，合之而为《黄帝内经》。